陈春花管理经典

激活个体

互联时代的组织管理新范式

陈春花 著

· 精编版 ·

机械工业出版社
China Machine Press

图书在版编目（CIP）数据

激活个体：互联时代的组织管理新范式（精编版）/陈春花著.
—北京：机械工业出版社，2019.11（2020.5 重印）
（陈春花管理经典）

ISBN 978-7-111-64027-1

I. 激… II. 陈… III. 组织管理学 IV. C936

中国版本图书馆 CIP 数据核字（2019）第 225414 号

激活个体
互联时代的组织管理新范式（精编版）

出版发行：机械工业出版社（北京市西城区百万庄大街 22 号 邮政编码：100037）
责任编辑：冯小妹
责任校对：李秋荣
印　　刷：北京文昌阁彩色印刷有限责任公司
版　　次：2020 年 5 月第 1 版第 2 次印刷
开　　本：103mm×145mm　1/64
印　　张：4
书　　号：ISBN 978-7-111-64027-1
定　　价：49.00 元

客服电话：(010) 88361066　88379833　68326294　　投稿热线：(010) 88379007
华章网站：www.hzbook.com　　　　　　　　　　　读者信箱：hzjg@hzbook.com

目录

第 2 章　组织新挑战

第 3 章　组织新属性

第4章 组织新能力

结语　走向"水样组织"

后记　成功＝没有成功，只有成长

参考文献

核心：
共享时代到来

据说中国有句古语叫"金无足赤，人无完人"，但是，如果谁真的想打起灯笼来到市面上寻找完人，最终他感受到的可能不是一种失望，而是一种意外：完人其实就是那些终日为"善"而奔波，又在不知不觉中实现了"美"的"真"实不虚的普通人。

——尼采

我在整个工作过程中，一直对组织如何创造价值感到兴奋。让我兴奋的，并不是组织本身，而是在其中的每一个人。那些能够让普通的人成就不平凡价值的组织，总是让我钦佩和欢喜。

　　互联网技术的出现，让这一切变得更加容易和不可思议，年轻人的跃跃欲试，以及无边界的创新能力，让我惊叹。同时，我也深深地感受到，如果还是按照过去一百多年的管理理论与知识，来对待今天的组织成员，可能会有些问题。让我们来看看，今天到底发生了什么改变。

雇员社会将要消失

一百多年以来，所有发达国家都逐步进入以雇员为主的社会。这种体系带来的最大好处，就是稳定的结构、有效的分工，伴随着流水线的大工业生产所带来的高效率和低成本，让早期的工业社会创造力大幅度提升，并创造了巨大的财富。

这个时期，组织更关注的是上下级关系、结构的稳定性以及个体对组织目标实现的贡献，更关注服从、约束以及标准的制定。所以，产业工人和职业经理人，成为最耀眼的角色。

正如德鲁克先生曾经描绘的那样："20 世纪 50 年代，在大型组织中工作的雇员成为每一个发达国家的主要风景线，如在工厂工作的蓝领工人和管理者、在庞大的政府机构中任职的公务员、在迅猛发展的医院工作的护士，以及在发展得更快的大学中教书的教师……那时大多数人都认为，到 1990 年，几乎所有参加工作的人都会是组织的雇员，可能还是大型组织的雇员。"[1]

但是，这种情况在发生着不可思议的变化，而且变化随着技术的深入越来越剧烈，也越来越让人惊讶。

我在 2015 年第一次有了一位 90 后硕士毕业生，这个学生非常优秀，在他之前，我所有的硕士毕业生，都会很在意毕业单位的选择，也都会在毕业论文答辩之前把将要去工作的地方确定下来，但是这位 90 后学生并不是这样选择的。他很好地完成了毕业论文，但是他并不急于把自己定位在哪个企业或者机构里，他告诉我说，他还要多看看。

一开始我还担心他，后来发现需要担心的是我自己，为什么？因为这该是一种趋势和常态，人们不会再轻易地把自己固化在一个组织里，或者一种角色里；会有越来越多的人，期待自由、自主和非雇用的关系。

2015 年，新希望六和招收了接近 800 名

人们不会再轻易地把自己

固化在一个组织里

或者一种角色里

会有越来越多的人

期待自由、自主和非雇用的关系

新入职的员工，他们在青岛基地培训，我花了很多心思来设计这个新员工入职的环节，甚至告诉人力资源部的同事，要在新员工入职时，和他们谈一场轰轰烈烈的"恋爱"，"恋爱"的程度越深，他们理解和爱上公司的概率就越大。

回想起10年前，或者更早的时候，像新希望这样的公司，是不需要花费这样的心思的，很多年轻人渴望走向社会，进入岗位角色，走向一个好的组织，让自己的能力得以充分发挥。但是今天，组织与成员之间的关系变得非常微妙，个体本身的能力已经超出了组织的界限。

在安排公司战略转型，需要进行全新能力

建设的时候，我知道必须借助于外力，吸引拥有新能力的人加盟，这样才可以实现转型的目标。但是我知道，拥有新能力的人，如果进入现有的组织体系，可能会被淹没；同时，我也理解到，这些具有新能力的人更希望自主与自由，如果按照传统的逻辑来定义，他们不是公司的人力资源，而是人力资本。

理解到这一点，对于这些具有新能力的人，我都未采用原有的雇用合同，而是用一种灵活的合约，用共同的目标和价值追求来约定彼此的关系，充分信任他们的能力和创造价值的愿景，给予足够的空间与自由。当我采用了这样的方式，这些具有新能力的同事一一走进公司，并发挥了巨大的作用。

对于"知识工作者"与"雇员"之间的区别，德鲁克先生说："在知识社会里，雇员，即知识工作者，还拥有生产工具。这同样重要，而且可能更重要。马克思认识到工厂的工人不拥有，而且也无法拥有生产工具，因此不得不'处于孤立的地位'。这的确是马克思的远见卓识……现在，真正的投资体现在知识工作者的知识上。没有知识，无论机器多么先进，多么复杂，也不会具有生产力。"[1]

今天，绝大部分人都在某种雇用组织中，可能很多人都感受到了传统组织对于创造力的抑制。很多时候，管理者为了维护流程和自己管理的权威性，会让流程臃肿、信息不透明；层级结构模式中，信息由基层员工一层一层向上流动直到决策层。我有时心里也很忐忑，因为自己就在这个最高决策层里，但是也一样是从内部流动的信息中获得判断，倘若这些信息不准确，甚至可以确定是不准确的，决策的偏差就一定会存在。决策后的信息又是按照这个层级，由上往下传递，传递过程中难免有信息遗失，这样导致的结果，大家可以想象。

在这样的组织里，只有那些谨守流程、不做任何创新、不犯错误的人可以存活下来。但是这样的人多了、待久了，公司的创造力和价值创造也就丧失了。而那些有很多想法、不墨守成规、想打破禁锢的人无法生存下去：要么离开，要么抹掉自己的个性。

随着个体对于知识和信息的把握，以及个

体能力借助于技术变得更加强大，这种雇用型的管理习惯使得当前的管理者无法胜任工作，且会伤害成员的个性。代表组织的管理者需要了解一个根本性的改变：组织必须了解雇员的需求，了解雇员的希望。这个改变，对管理者提出了新挑战。成员不再依赖于组织，而是依赖于自己的知识与能力；成员与组织之间的关系，也不再是层级关系，而是合作关系，甚至是平等的网络关系。

这些改变，意味着雇用关系已经开始解除，人们之所以还在一个组织中，是因为组织拥有资源与平台，倘若资源与平台进一步社会化、网络化，个体的自主性就会更加显现出来。

成员不再依赖于组织

而是依赖于自己的知识与能力

成员与组织之间的关系

也不再是层级关系

而是合作关系

甚至是平等的网络关系

个体价值的崛起

我读过一本介绍谷歌的书，书名叫 *How Google Works*，作者 Nick 认为：未来组织的关键职能，就是让一群 Smart Creatives 聚在一起，快速地感知客户需求，愉快地、充满创造力地开发产品，提供服务。

对于 Smart Creatives，你不能告诉他们如何思考，只能营造思考的环境。在谷歌，凡是不受法律或者监管约束的信息，公司都倾向于全部开放给员工，包括核心业务和表现。有创造力的员工慕名而来，这也让谷歌保持了非常好的创造力和领先的行业地位。

三星和 IBM 是我研究了 30 多年的两家

公司，它们都曾经在技术和产品上绝对领先，非常重视变化，且与时俱进。三星的李健熙早在 1993 年就曾说过："除了妻儿，一切皆变。"IBM 也在一百多年的发展中经历了多次变革和转型。然而它们的业绩在 2012 ~ 2014 年出现了持续的下滑。这两家公司研发投入巨大，而且以超高的增速每年增长，为什么还会出现这样的情况呢？

IBM 业绩下滑的主要原因是大量企业开始使用云服务，对大型服务器等 IT 基础设施的需求下降，导致了 IBM 传统服务器业务萎缩。而在大数据、云计算等领域，由于面临亚马逊、微软、阿里巴巴等先发企业的竞争，该部分收入占公司总营业收入的比例较低，难以支撑公司业务转型。

理念正确，对市场的基本判断也正确，业绩没有达到预期的根源在于：**面对变化，行动的速度不够快。**

这就是残酷的现实，三星和IBM并非不变，究其根本还是犯了大企业病，整个组织太多层级与官僚，太过依赖于组织本身的核心能力，以及组织拥有的强大经验与技术，忽略了对个体创造力的激发，以及个体价值的认知。三星和IBM业绩的下滑对所有企业都是一个警醒。我相信这两家公司会以更大的力量来调整。

福布斯中文网在2015年8月15日刊发了一篇文章《为何大学毕业生成批涌向初创公

司》，作者是 Natalie Robehmed。文中开篇介绍："如果问一批近年来毕业的大学生，他们目前在哪里工作的话，有相当一部分人会回答说'在一家初创公司工作'。'初创公司'曾经是一个指代小企业的行业术语，但现在却让人联想到一种令人兴奋的具有企业家精神的生活方式——越来越多受过高等教育的年轻人选择这种生活方式。"

在作者的统计中，Y世代（指20世纪80年代至2000年年初出生的年轻人）中有47%的人在员工人数少于100人的公司工作。

初创公司令他们感到愉快的是，没有等级职位划分的层级结构，没有大系统的僵化与内耗，总是让他们有贡献自身价值的感觉，并可以看到贡献所产生的最终结果。

这也许是如三星、IBM这样的大公司近几年遭遇下滑挑战的根本原因。这些公司组织臃肿、层级复杂、条块划分，每一个新进员工，都需要一番艰苦的历练，才有机会表现自己的才华。这一切，让那些具有创新精神的新员工望而却步。如果一个企业得不到拥有创新精神的员工，也就丧失了创造力。

管理新范式：创造共享价值

近些年，管理学界的话题转向为：一百年的管理理论和理念，是否在互联网技术下过时了？

人们之所以如此关注互联网技术对管理的

冲击，是因为的确一些东西改变了，而且是生活方式的根本改变，这也导致了人们行为和价值判断的改变，而管理正是涉及这些的一个领域。

此外，全球化带来的资源和环境的改变，一样影响着组织与管理本身。提米欧·帕帕亚尼斯撰文写道："千年以来，地中海地区都是由帝国统治——马其顿帝国、希腊、罗马帝国、拜占庭帝国以及奥斯曼土耳其帝国都曾是统治者——在帝国统治下，地中海各个小城邦自成一体，拥有高度自治的社会结构、文化和宗教。历史上著名的城市，如君士坦丁堡、亚历山德里亚、塞沙洛尼基和阿勒颇都曾经是大都会，在文明诞生的过程中扮演着重要角色。

因此，在 21 世纪中叶，地中海或许能够重新发现共存的艺术。但这一次，人们将在民主框架中共存。"[2]

管理今天的确需要提供新的范式，一种以共享价值为基础的新范式。在我看来，新的管理范式是：具有系统思考的领导者，依赖于激发个体内在价值，而不是沿用至今的组织价值，来考虑整体以及个体的行为。这种新的范式中，有关个体价值的创造会成为核心，如何设立并创造共享价值的平台，让组织拥有开放的属性，能为个体营造创新氛围，则成为基本命题。

有三种趋势推动了这种新范式的出现和发展。

第一，社会发展的可持续性需要依赖于更多的价值创造，而不是过度消耗资源。

第二，技术的发展，让更多的商业模式创新出现，网络社会、虚拟世界的出现就是明显的例证。新的组织形态的出现，也自然要求管理范式能够匹配。

第三，人们价值观的演变。今天的人类认识到人与自然的关系，不再是从属或者主宰，而是用生态价值的观念，与自然共存。未来，价值观的演变会更加剧烈。

也正是这样来理解三种趋势所需要形成的管理新范式，我更加倾向于对**管理本身需要强化**，而不是淡化或者去管理化。因为个体价值崛起，更需要平台与导引；创新与创造力如何转换成真正的价值更需要加以推动；而价值观演变剧烈更需要明确价值判断。"我"如何成为"我们"，"个体价值"如何成为"整体价值"，是管理新范式必须要解决的命题。

"我"如何成为"我们"

"个体价值"如何成为"整体价值"

是管理新范式必须要解决的命题

第 1 章

组织管理四大命题

人们采取行动创造这个持久结构，而这个结构又约束人们未来的行动。

——英国社会学家吉登斯

正如《大数据时代》两位作者在引言中所说："大数据开启了一次重大的时代转型。就像望远镜让我们能够感受宇宙，显微镜让我们能够观测微生物一样，大数据正在改变我们的生活以及理解世界的方式，成为新发明和服务的源泉，而更多的改变正蓄势待发……"[3] 在今天，技术和各种行业的融合成为推进组织全局变革的必然因素。

人们对这个时代有各种各样的描述，在我看来，这个时代最令人激动也最令人担心的是个体能力的崛起。

我曾经非常向往埃及的亚历山大图书馆，因为公元前3世纪，托勒密二世为了收集到所有的书籍，准许船只靠岸，交换条件就是把船上的书带来准许抄写，不过人们发现取回的是抄写本，原书被留在亚历山大。用这种方法，亚历山大图书馆搜集了世界上所有的知识。而今，一个人可以拥有的数据信息，相当于亚历山大图书馆存储数据总量的320倍。拥有如此信息量的个体，也就拥有了一切可能。

今天个体所具有的一切改变，使得企业管理者面临着从未有过的挑战——组织如何管理?

最令人紧张的是，我们所做的很多努力都是对的，管理者都理解企业所处的环境变化，都理解互联网时代的特点以及对组织管理的要求，都明白个体在今天所具备的不可想象的能力，但事实上，大部分企业看不到管理的效果。原因到底是什么？

在我看来是组织的设计和管理的假设不再符合时代。组织的设计和管理的假设决定了组织的行为，规定了组织能做什么，不能做什么；约束了组织中的个体能做什么，不能做什么；确定了组织认为什么结果才是有效的结果。概括地说，这些假设会确定组织管理的核心命题——价值创造、价值评价和价值分配。

如何界定符合时代的组织设计和管理假

设，需要我们先来理解组织行为学的八个核心问题。

:: 组织是为实现个人生存目标和组织目标而存在的。组织存在的关键是个人对组织的服务，即对组织的目标有所贡献的行为。

:: 组织里的人是公平的而不是平等的。

:: 必须正视组织生存的关键影响因素：①激励体制的有效性相对于组织的外在关系；②激励体制是否有能力确保组织的凝聚力、协作和组织成员对具体指令的服从。

:: 集体决策，个人负责。

:: 领导的关键是授权。

:: 组织结构更要依据责任而不是权力来设定。

:: 组织结构的局限性。

:: 组织不再是一个"封闭的系统"。

这八个核心问题是从组织行为学的视角来界定的，可以帮助我们深入理解组织作为一个整体的特征。如果需要更明确地运用到组织管理的实际活动中，我们会发现，组织管理需要解决自身的四个命题。

四大命题的界定

我把组织管理命题归结为以下四个：

（1）个体与组织目标的关系。

（2）个体与组织的关系。

（3）组织与环境的关系。

（4）组织与变化的关系。

组织管理就是要解决这四个问题，并确保有关这四个命题的回答能够推动组织实现目标并与时俱进。

四大命题之一：组织是为实现个人生存目标和组织目标而存在的。组织存在的关键是个人对组织的服务，即对组织的目标有所贡献的行为。

任何管理者如果要进行组织管理，首先都需要理解组织中的个体特性是什么，其目的是了解个体与组织最真实的关系。

组织的存在是为了实现目标，而不是为了人。组织能否发挥效用，取决于组织本身能否带动组织成员一致性的行为。大多数情况下，组织成员有着不同的目的和行为选择，如何让这些不同目的和行为的人集合在一起？其关键要素是什么？就是组织目标。组织因目标而存在，同时也因实现目标而获得组织成员的认同。

组织得以存在还有另外一个关键要素，就是合作。组织基于合作，而合作基于个体生存的需要，组织是由于个人需要实现他自己在生理上无法单独达成的目标而存在的。为了生存下去，这种合作系统就必须在实现组织目标方面是有效果的，而在满足个人动机方面是有效率的。

只有制定了组织目标，才能使环境中的其他事物具有意义，组织目标是使所有事物统一起来的原则。

四大命题之二：我们常常集中精力考虑组织的问题，而忽略了组织中的个体。

在一个组织结构中，人与人之间以目标为前提而生存，人与人应该承担各自的责任，从而拥有不同的权力和资源，因为这些不同，所以人与人之间的关系公平但非平等。

某个人所具备的各项条件，由他在组织中的权利、特权、豁免权、责任和义务组成。换句话说，由对他行为的限制、规定和约束组成，而这些也决定了其他人对他的期望。当所有人的身份都以不同的称号、头衔、称呼、身份的标志或者外在行为模式而为公众所熟知时，身份就逐渐制度化了。

理解个人和组织之间的合作关系，是管理

者需要特别关注的，如果不能够处理好组织中个体能力的发挥，组织目标也就无法实现。

四大命题之三：必须正视组织生存的关键影响因素。

组织生存的关键影响因素包括：① "社会及其结构、市场、客户及技术"[1]；②组织价值观以及组织氛围。

在很大程度上，以上这两点相互依赖。针对每一个组织管理设计所需要问的问题就是：这个组织管理设计能够在协调考虑组织外部环境的前提下决定组织的行动吗？这个组织管理设计是否能使组织成员服从组织决定，从而使组织有效地执行决定呢？这两个根本性的问题，可以使我们很好地判断组织管理效用本身。

过去，很多员工愿意为工作付出更多而不太计较个人需求，他们认为工作是生活的唯一目的。但今天这样的情况已经非常少了，人们并不会把生活和工作混为一谈，更多的是把工作和生活并列为人生的两大目标，处理好工作目标和生活目标之间的矛盾，是管理者面对的挑战。

更大的挑战是，人们的选择已经不再局限于一个地区、一个组织，他们愿意尝试新的行业、新的组织、新的工作，以及新的生活挑战，这些都导致了"员工忠诚度下降"。

这要求管理者理解人的需求，有能力留住员工，提升组织的凝聚力，获得员工对组织的认同。

四大命题之四：组织要有弹性能力。

组织面临着"追求效率和追求长期适应能力"两者之间的深刻矛盾。一个企业必须提高效率才能适应此时此地的环境，为了得到高效率，企业组织的结构愈发趋于严谨和稳定，这时企业的效率升高。但是它的效率越高，对此时此地环境适应得越好，它对未来环境变化的适应能力就越差，它的长期适应能力也就越差。

组织在今天比以往任何一个时期都更需要面对变化，具备弹性能力，进行自我变革，它不再是一个"封闭的系统"。

四大命题的新内涵

自从有了笔记本电脑、iPhone、iPAD、FaceTime、微信……中层管理者似乎处于一种随时处置公司事务的状态，而这就是移动互联对组织的改变——当一种通信手段变得越来越普及且为人熟悉时，实时的协调也将越来越多地取代事先的安排，而群体的反应也将愈发难以预计。

我们必须更关注适合这个时代的组织，更关注这个组织的现在时模式和可能的未来模式——商业的有趣和价值也正在于组织中的成员、组织本身和组织所形成的整个社会的成长。

要真正拥抱变革，真正检讨我们的措施和做法是否符合生存环境的新现实，是否能够了解有能力的个体希望释放创造力的诉求，是否与组织管理内涵的重新定义保持一致，并发展出和获得新的核心能力。问题的关键，就是如何在互联时代，诠释组织管理四大命题的新内涵。

个体与组织是共生关系

新内涵一：个体与组织是共生关系。

个体不能忽视组织，需要对组织目标给予承诺；组织不能忽略个体，不能简单地要求个体服从组织。为了让个体目标与组织目标保持一致，需要做出明确的界定和设计。

"我是在生活所迫，人生路窄的时候，创

立华为的。那时我已领悟到'个人才是历史长河中最渺小的'这个人生真谛。我深刻地体会到，组织的力量、众人的力量，才是力大无穷的。人感知自己的渺小，行为才开始伟大。"在任正非看来，组织的力量、众人的力量是力大无穷的。"也许是我无能、傻，才如此放权，使各路诸侯的聪明才智大发挥，成就了华为。"任正非认为华为有今日成绩是因为"十五万员工，以及客户的宽容与牵引"，而他不过是"用利益分享的方式，将他们的才智黏合起来"。

任正非对组织力量的深刻理解，与军队经历相关，在一支队伍中，**个人能力突显各异的团队往往会负于个人能力平平但整体能力突显的团队**。这一点，令任正非在处理利益的问题上有着宽广的心胸。

一般来说，在一致对外开拓时，大多数员工都是积极的，但在事关利益时，大多数员工会选择利益。那么，对董事来说，如何产生组织最大的力量，让大多数员工选择华为利益，就是核心的问题。华为的核心竞争力来源于组织和个人的核心竞争力，任正非将华为人个人的核心能力与组织的核心能力聚合，形成强大的冲击力。这种冲击力被任正非称为狼性。

关于对组织力量的理解，体现在任正非对华为人所赋予的公平原则、利益共享，甚至对华为下游供应商们，都会在危难时期承诺"绝不让利益共同体吃亏"。"我不知道我们的路能走多好，这需要全体员工的拥护，以及客户和合作伙伴的理解与支持。如果我的不聪明，引出来的集体奋斗与集体智慧，能为公司的强大、为祖国、为世界做出一点贡献，二十多年的辛苦就值得了。"[4]

华为的力量来源于组织整体，而绝非仅仅个人，这也是华为持续发展的动力所在，是任正非创造的组织整体的可持续力量。组织的力量在华为完全被释放出来，使得华为哪怕是2008年金融危机时，仍保持良好增长，没有受到影响。对行业的理解、对技术的理解，更重要的是对组织的理解，成就了华为辉煌的10年。[5]

组织必须外部导向

新内涵二：组织必须外部导向。

今天，组织的每个核心成员要始终关注组织生存的要素，要始终缺乏安全感，这种感觉让组织的主要成员和组织机体本身始终保持对外部刺激的敏感性，保持一种常态下的警惕和临界状态。正是由于这种感觉和状态，组织才始终具备"活力"。

德鲁克先生也曾表达过相同的观点，在他看来，让企业保持清醒的措施有两个："放弃"和研究企业外部情况。他说："每隔3年，组织都应该针对每一个产品、服务、政策和销售渠道提出以下质疑——如果我们还没进入这个行业，我们现在还会进入这个行业吗?"[1]

在德鲁克先生看来，没有系统化和有目的的放弃，组织就会疲于奔命，就会把最好的资源浪费在不应该再做的事情上。它也无法警觉到企业外部的变化，因为我们很少能够在自己的组织中察觉到根本性的变革。

在缤纷的商业世界里，即使市场扩大了，即使你是原来的领先者，都不意味着你能够持续，而唯有那些不断由外部驱动组织变化的企业，能够有目的地"放弃"的企业，才可以保持住与环境的互动。

组织打开内外边界

新内涵三：组织需要打开内外边界。

有人问我，什么样的企业在今天以及今后可以存续下去，我的回答是：能把合作能力整合到管理之中的企业。

伊丽莎白·拉威尔在其《利用群体智慧》一文中说："无论公司是否喜欢这一点，它们都是一个生态系统的一部分。而且，除非公司承认自己与其他'物种'——包括顾客、供应商、合作伙伴、NGO、创业公司、大学以及学术机构——是互相依存的，否则将越来越难以存活。"[5]

我还记得2007年阅读《平台领导》这本书给我的启发，安娜贝拉·加威尔和迈克尔·库苏麦诺[6]两位作者在研究英特尔、微软和思科如何推动行业创新的研究中，提出了有关平台领导的概念。"我们所说的平台领导，是指以推动自身行业创新为目标的公司。""没有哪个公司可以获得一个市场中所有的创新能力，特别是当需要创新的工具和知识比以往更加广泛的时候。结果，在我们了解的平台当中，首先创建最基本的应用产品，然后为新一代产品创建补足品。不管怎样，平台领导和补足品创新者具有很强的合作动机，因为它们联合起来的创新成果，可以为行业每一个参与者提高潜在收益。"

英特尔公司的微处理器（以及个人电脑本身）的价值完全由其他公司创建的产品所

决定，这些产品包括软件产品（如操作系统、应用程序等）、硬件产品（如键盘、显示器、存储设备等）。也许因为英特尔公司只是一种部件生产商，顾客又是为了能够实现应用价值才会购买其部件，所以英特尔公司处在一个极其被动的位置——它要取得市场上的成功，必须极大地依赖于其他公司的产品创新策略。

英特尔公司选择利用补足品创新的力量以及与外部公司合作的方式，来促使它的新产品走向成功。同时，英特尔公司还大量地投资各种活动，以推动整个平台体系结构的改变和协调行业中其他公司的创新。在英特尔公司的平台策略中，英特尔体系结构实验室（Intel Architecture Lab，IAL）起了非常重要的作用。

为了更好地协同内部和外部的合作关系，英特尔公司在内部成立了一个专门的组织机构来负责实施平台领导战略并履行承诺的问题。为了与第三方保持良好的合作与竞争关系，平台领导内部组织结构设计决策相当重要，英特尔公司无疑解决得很好。

当有人问，英特尔公司核心竞争力是什么的时候，英特尔公司的回答是：当顾客提出需求的时候，我们可以组合 20 个供应商在两个小时之内回复顾客。

今天的组织需要不断调整自己，需要不断寻找到与变化共舞，甚至超越变化的能力；它往往不再能选择通过建立组织壁垒的方式获得成功，而是更需要形成开放与合作的组织结构，让外界容易纳入，或者让自己的组织更具弹性。

第 2 章

组织新挑战

天空没有留下鸟的痕迹，但我已飞过。
我看着摇曳的树枝，想念万物的伟大。
让我设想，在群星之中，有一颗星是指导着
我的生命通过不可知的黑暗的。

——泰戈尔

互联网移动技术推动下的全球化不仅推动人们生活方式的变革，而且彻底改变着我们的产品、服务、工作方式，进而更彻底地改变了我们对组织的期待以及对组织架构的理解。

正在发生的未来

任何组织都存在于其所处的环境中，环境本身一定会成为组织的一个重要组成部分。明确理解外部环境对组织绩效产生的影响，这既是对企业管理者的要求，也是不得不接受的事实。

人们对于今天所处环境的描述是那样的统一：不确定性、不可预测性、多边性、复杂性被确认为环境的主要特征；互联网、人工智能、5G、大数据等，也已经成为影响人们生活的重要技术。

IBM 的研究报告直接把我们赖以生存的环境称为"智慧地球"，认为更加互联互通、更加透彻感知、更深入的智能是智慧地球的根本属性。

"正在发生的未来"是我对今天环境的基本特征描述，它包含三个内涵：一切皆变，一切皆存在；互动与沟通；共生与众享。

一切皆变，一切皆存在

生命本身就是一个变化的载体。一呼一吸之间，很多东西都悄然不同了，没有痕迹，不露声色，但是一切都变了。不管我们愿不愿意，生命本身都在按照自己的规律变化着。而适应这种变化，作为一种与生俱来的本能，已经根植于我们的生命体中。但是，另有一些变化，在我们的社会中、组织中、生活中等，人们为什么一片茫然、不适应了呢？

1. 变化就是存在

生命的变化是一种常态，而人们已经渐渐适应了一种平衡——静态的生长，以至于意识不到"变化"本身的存在。

我自己在年轻的一段时间里，并不了解生命的本质，认为一切都是可以期待的，觉得时间是一个永远可以挥霍的存在。因为工科出身的缘故，我认知世界的方式变得科学而理性，时间变成线性，岁月是一条演变的长河，生命逝去一去不复返。因为禅修的缘故，我用心去理解生命的意义，开始知道生命本质上是一种轮回，生命的终结也是起点，这时时间是一种循环。

从时间可以挥霍，到时间是线性一去不复返，再到时间是生命的轮回，这是我认知时间的一个过程。假设这是过去、现在、未来的概念呈现，那么唯有透过现在，才有过去，也才有未来。

最让我感受到环境这一特点的是出租车行业的巨变。我没有想到原来每个人可以把自己闲置的车组合起来，通过一个非常便捷的平台租给客人，让车在空闲时，能够帮助别人，同时又能够获取商业价值。

很多时候，我们对环境的认识还停留在以往的经验里，比如会关注人口、GDP、消费指数、空气以及国家政策，的确这些都是影响外部环境的因素，甚至有些是关键因素。但是对于今天的环境而言，除了这些影响因素之外，更需要拥有一种认知环境本质特征的能力，因为环境的影响因素也会改变。

打车软件出现之前，对出租车和司机产生

影响的因素也许是油价、天气、道路管制以及行业规则。打车软件出现之后，这些影响因素还在，但是影响作用却发生了变化，乘客和司机的关系也改变了，两者的关系因为"第三者"的出现，显现出不同的效率和结果。这就是所谓的"变自生变"。

2. 善于自我变化

《失控》的作者凯文·凯利[7]在《技术元素》一文中有一个论断：所有公司都难逃一死，所有城市都近乎不朽。因为公司的成长逻辑遵循着有机体的生长周期，好像一个人一样，有发展也有衰退；而城市则构筑了自我不断动态扩张的生态系统，在变化中有着不可预测的未来。

凯文·凯利更将视野放开，从大自然中提炼出"无中生有"的九条规律，为终极生态系统的扩张奥秘追本溯源。然后视野一收，他竟然从现代公司里正在发生的事情中，找到了这九条规律存在的依据——它们都致力于打破边界、内向成长。

他进而判断：在互联网时代，控制会很快失灵，动态平衡才有利于组织茁壮成长。公司是有生命周期的，而事业的影响可以绵延不绝。这也正是信息时代更趋于人本回归的原因。

凯文·凯利总结的大自然生长的九条规律，从无中生有，到变自生变，这种变化本身是结构化的。所以，大型复杂系统的做法就是协调变化。当多个复杂系统构成一个特大系统的时候，每个系统就开始影响直至最终改变其他系统的组织结构。若你要做到从"无"中生出最多的"有"，就必须要有能自我变化的规则。

这不正是老子在《道德经》中所说的"道生一，一生二，二生三，三生万物"吗？这也是所谓的企业家精神的根本：打破平衡，避免失衡，不断寻找不均衡，从而在一种动态的平衡中打破企业生命周期的魔咒，实现企业的可持续经营。

3. 变无止境

张瑞敏一直强调："没有成功的企业，只有时代的企业。"每一个企业的成功只是踏准了时代的节拍，但时代变化太快，唯有不断追赶时代的脚步，才能赢得下一轮的成功。

1984 年，张瑞敏在冰箱还是稀缺产品、供不应求的时候，通过"砸冰箱"唤醒了大家的质量意识，通过全面质量管理获得了产品的领先，通过"造名牌"的战略，将海尔从生存堪忧的状态推向了世界级家电供应商的宝座。

1992 年，邓小平在南方视察并发表了重要谈话。海尔抓住了历史机遇，开始了"多元化"战略，通过兼并一些成熟的白色家电企业，输出管理模式、统一企业文化。至 1999 年，海尔的业务版图已经覆盖了冰箱、空调、洗衣机、热水器等领域。

2001 年 12 月 11 日，中国正式加入世界贸易组织（WTO），海尔也在这一时期布局国际化路线，通过在国外建厂，实现了研发、生产、销售"三位一体"的扩张模式，进入了欧、美、日三大市场。

为了进一步在国际市场赢得与跨国公司的竞争，2005年9月，张瑞敏在海尔全球经理人年会上首次正式提出"人单合一"的战略，把员工与订单连接在一起，其本质是将员工与用户连接在一起，让员工关注用户的需求，为用户创造价值。

2012年，海尔在更深入实施"人单合一"战略的同时，打破了科层制的结构，将员工组成了直面市场和用户的小微企业，将公司从传统的家电制造企业转变为向社会孵化创客的平台。

海尔认为自我颠覆的观念很重要，与其被迫改变，不如主动求变。从海尔的例子，我们可以看出，唯一不变的就是永远在变。

维克托·迈尔-舍恩伯格和肯尼思·库克耶在《大数据时代》中写道："虽然我们可以塑造当下，但未来却从过去的'完全可预测'转变为一块开放又原始、广阔而空白的帆布，所有人都可以在上面依据自己的价值，努力裁剪塑形。"[3] 这是今天这个时代环境最具魅力的地方，一切皆变，一切皆存在。

只是未来从来不会自己到来，你必须寻找到能够自我变化的规则。

互动与沟通

当三星看懂苹果的企图时，iPod 已经热卖，而三星的 Yepp 已经无影无踪了。同时消失的还有 MP3、MP4、MP5。三星高层后来反思说，他们还停留在产品思维阶段，而苹果的出发点是顾客的生活方式，顺应顾客生活方式来提供解决方案。当苹果推出 iPod 的时候，乔布斯的主要精力不是花费在产品设计上，而是为"顾客"整合唱片，获得唱片业的授权。

1. 小米"为发烧友而生"

同时期看懂苹果企图的只有小米。小米着手准备，在推出手机之前先做了一年的软件：米柚系统（MIUI）。但是如果小米只是做到了这点，便不会有后来突然爆发的量级巨变。

小米从 100 个梦想赞助商的感人故事开始，精心培育了 50 万用户！小米声称"为发烧友而生"——成功将自己的梦想平移到消费者身上，从而产品一经推出便一夜之间火爆。

很多传统企业可以将规模做成巨无霸，成为产品销量的王者，却不知道产品卖给了谁，不知道顾客为什么买或不买；除了买卖关系，企业和顾客之间没有其他任何关系。

而小米成功的另一个关键在于：构建顾客关系。他首先构建顾客社区，花大力气发展小米网和同城会，布局小米之家和云服务；然后，沿着顾客数字生活方式延伸终端设备及解决方案。今天的小米，已经不仅仅是手机厂商，它围绕着用户的生活方式构建了一个"竹林生态",为其生态链公司输出方法论、价值观,共享数据、平台资源,这反向增加了小米的生态能力,二者互为"价值放大器",这就是从"规模经济"到"范围经济"的嬗变过程。

2. "褚橙"并非"红塔山"品牌工程的简单平移

我一直十分好奇并密切关注褚橙案例。因为褚时健的传奇人生太具有时代典型性,人们对他的过度关注会掩盖事情的本质,而人们对冰糖橙的关注也很容易会归因于产地的独一无二。当我深入进去分析后,我发现了更有价值的实践经验:褚时健对经营本质的把握。

我曾经为铁鹰老师的新作《褚橙你也学不会》[8] 著序分析：

一是以顾客价值为导向（褚时健夫妇把自己当成消费者，经过广泛的调查研究，和湖南、广西等产地的冰糖橙比较，哀牢山出产的冰糖橙的确好吃）。

二是以产品力为根本（其产品曾在北京经过 6 场由 251 人参与的盲试实验，从外观、剥皮难易、甜度、酸度、水分、化渣率、橙籽数量、整体口感等八项内容进行评价，结果显示褚橙最优）。

三是对价值链的深刻灵活理解（如与渠道商分享利益、分销方式线上线下因地变通等）。

四是通过科学管理释放管理效能（褚时健

对生产管理精益求精，浇水、施肥、抹稍、剪枝等流程作业一丝不苟）。

有没有发现？这一切似乎是当年红塔山品牌的缩影，它完整地折射出褚时健缔造红塔山辉煌的过程。

为什么褚橙一夜之间便家喻户晓？正如同时代的成功创业个案，是指数级的增长。当我持续琢磨这个问题时，又有了新的思考。这个才是最重要的——企业和消费者沟通的平台与方式变了！从因果关系看，这个才是变化的必要条件。**企业和消费者互动与沟通的平台和方式变了。**

一个橙子很快被无数人喜爱并追捧，核心的关键是：褚橙具有与人们互动的载体，这个载体由本来生活网创造。

与本来生活网的朋友聊天，倾听这样一批媒体人创业卖农产品的故事，的确令我这个在农牧行业多年的人大吃一惊。简单地看，这只是一个成功的营销案例，但是如果细细去体味，你就会自问：为什么传统的农牧行业人，没有创出这个商业模式？传统的营销策划以及销售公司，为什么没有做出这个商业模式？因为本来生活网的人，很理解改变了的消费者以及改变了的环境。他们的成功之处在于，并没有去卖一个橙子，而是寻找到一种橙子与消费者互动的方式。

今天的消费者控制着他们"想要什么""什么时候需要"。在互联网出现之前，顾客想看电视节目，需要接受企业的设计，按照企业约定的时间。但是现在消费者在任何地方，任何时候，都可以看到电视节目，他们可以随时与他们的朋友交谈，不受任何人的限制。

因此，企业需要改变自己的角色，主动和顾客互动，寻找到与顾客之间的互补，了解什么方式是顾客习惯的、渴望的，了解如何设计一个平台，能够与顾客沟通，让顾客可以参与互动，形成社会化的网络。

德鲁克在《管理未来》中说，"互惠（reci-procity）将成为国际经济整合的核心原则。这一趋势目前已经难以逆转了，无论你喜欢与否（我就不喜欢）。"[9] 坦白讲我也不喜欢，因为一切都以互惠为原则的话，也许经济关系会表现为越来越多的贸易集团关系和特征，人与人之间也许会表现为交换关系，价值互换的关系，或许导致人们之间太过功利与商业。我更喜欢单纯、爱以及不求回报。不过我也知道，不管我是否喜欢，互动与沟通成为事实和必然的选择，我们都要面对和接受。

不过社会经济学家哈耶克也说过，商业是最大的公益。孟德斯鸠说，有商业的地方，便有美德。让我们对"已经发生的未来"保持乐观，这场变化，还远远没有探底。

共生与众享

如果让我再为今天的环境寻找第三个内涵，我会选择"共生与众享"。

记得一个文学家写过这样的随笔："如果学习经济学一定会满含眼泪，因为这是一门悲哀的学问。其悲哀在于，要用有限的资源，去满足人们无限的需求，而这是经济学本身根本无法完成的任务。"

曼昆在每一年给哈佛大学一年级的学生讲授经济学课程时总会说："经济学课程的目的是理解人类居住的这个世界，而不是倡导某个特定的政策立场。"[10] 那么企业经营呢？经济学的遗憾恰恰给它留下了创造的空间。而创造本身一定与时代的价值共识有关。认识到这一点，就抓住了企业永续经营的命门。

1. 读《增长的极限》：悚然一惊

多年前阅读《增长的极限》[11]这本书的时候，给我带来的强烈震撼影响至今。这本书明确地表达了一个可能的事实：资源会被耗尽——假若人类按照自己的习惯去增长。

书中认为，只有两种途径能够回到可持续增长的轨道上，一是"有管控的下降"，通过有序地推出新的解决方案（太阳能代替石油能源）；二是"崩溃"，比如你不再驾驶汽车。

受这本书影响，我对环境的认识，从"**资源视角**"转换为"**资本视角**"，从"**消耗占用逻辑**"转换为"**创造共生逻辑**"。转换的核心是：在任何行动安排和战略选择时，需要采用可持续性的价值观，需要有共生的逻辑，需要带来可众享的结果，因为只有这样才会符合环境发展的规律。

同理，产业发展的历史一直是企业淘汰的历史，信息技术和互联网技术出现后，环境的不确定性迅速增加，不符合环境发展规律和产业发展规律的企业被淘汰出局的速度也加快。从大家都熟悉的手机企业的兴衰起伏，便可感知一二。从摩托罗拉，到诺基亚，到三星，到苹果，再到今天崛起的华为：谁更基于消费者创新，谁就能生存；谁与顾客走在一起，共生成长，设计平台，让价值链成员众享价值，谁就会成为下一个领先者。

曾经在一次交流中创造了一个词"向生而生"。"向生而生"就意味着寻找到可持续性，让组织具有可持续性，让组织成员、价值链成员共生成长，共享价值。

2. 风口之下：你是选择机会，还是可持续性

哈佛大学历史学教授尼尔·弗格森在新著《大退步》（*The Great Degeneration*）中，重新思考构成西方文明的四大基石——民主自由、市场竞争、法治、公民社会，他甚至认为制度的衰退导致了西方世界经济的衰退和国家政治的保守固化……[12] 这些思考启发我从新的视角去看中国今天提出的"新常态"的表述。

在从计划经济向市场经济转型的过程中，中国利用了丰富的资源，尤其是劳动力资源。而这些资源和要素已经发生了变化，中国也必

须调整自己的增长方式、经济结构、发展模式，这也可以理解为是对全球环境可持续发展的判断所做出的选择。实现这个选择，更加需要共生的逻辑与众享的价值观。

"共生"与"众享"意味着可持续的选择。在生存竞争中，仅仅凭着预见的能力出众并不足以让你持续成功。你必须能够在预见的基础上，构建出持续发展新事业的能力并使之转换为市场成功的行动。

互联网时代，商业机会犹如雨后春笋般萌生，财富的移动和积聚的速度前所未有，新的创富者和创业者层出不穷，创业及创新如大潮般蓬勃雀跃。但是，冷静去观察，能够在大潮中真正成为弄潮者的少之又少，为什么？

我不认为这些创富者和创业者创意不够，不认为他们没有发现市场机会和顾客的价值，也不认为他们无法获得资金的支持，更不认为他们的毅力不足，核心的关键，他们选择的不是持续性，不是"共生"与"众享"，只是一个机会。

记住，机会不会让你持续成功，因为机会稍纵即逝，唯有共生成长，并让相关成员共享价值，成功才可持续。

从共生自然到共生经营

"共生"是一个生物学概念，是指生物在长期进化过程中，逐渐与其他生物走向联合，共同适应复杂多变环境的一种生物与生物之间

机会不会让你持续成功

因为机会稍纵即逝

唯有共生成长

并让相关成员共享价值

成功才可持续

的相互关系。

共生，既具有组织过程的一般特征，又具有共生过程的独特性。它不是共生单元之间的相互排斥，而是相互激励中共同合作进化。这种合作进化不仅可能产生新的单元形态，而且可能产生共生能量和新的物质结构，表现为共生个体或共生组织的生存能力和增殖能力的提高，体现了共生关系的协同作用和创新活动。但是共生不排斥竞争，它不是自身性质和状态的摒弃，而是通过合作性竞争实现单元之间的相互合作和相互促进。这种竞争是通过共生单元之间功能的重新分工定位与合作实现的。

以下生物学关于共生系统特点的描述，会给我们选择共生伙伴提供启发。

特点一：共生伙伴选择关系具有专一性

共生关系建立之初，一定会经历一个细胞与另一个细胞间的相互识别。由于宿主的共生伙伴大多具有唯一性，所以这种识别至关重要。

特点二：共生伙伴关系的区别性

共生伙伴之间的利益关系，并不是无条件地均衡分布在双方之间的，这就要区别不同类型的"共生系统"：

类型1，互利共生系统。共生伙伴之间在过程中互通有无，在功能上互相补偿，在效果上互惠互利。

类型2，偏利共生系统。共生伙伴一方受益，另一方基本上不受影响。

类型 3，寄生共生系统。一方受益，另一方受害。

特点三：共生伙伴依赖关系

在不同的共生系统中，共生伙伴相互之间的依赖程度不同，关系类型也大不相同。

类型 1，生死相依型。共生关系一旦建成，宿主就会丧失独立生存能力。

类型 2，聚散两便型。共生伙伴可以分离，属于一种"好聚好散，再聚不难"的共生关系。

特点四：共生伙伴互动关系的动态性

共生伙伴之间的行为逻辑是既斗争又合作的，因而其互动的结果总是呈现为动态平衡状态。

企业不能放弃主动选择。判别是否需要协同、是否可以协同的最高检验标准，就在于发现彼此关系的现实性质和未来趋势，是否存在"互利共生"的特质与可能。

中国企业在压缩式发展进程中，几度经历了深陷竞争僵局的困惑，作为突破竞争僵局的着力点，协同营销、共生营销曾经进入经营者的视线，而企业在实践中也经历了纵横协同的尝试，如价值链上下游协同、跨行业互补式协同、企业间嵌入式协同、区域模块化制造、行业内联合图存等，都是一种共生的尝试。

"新常态"下，"互联网＋"更提供了无限的协同可能，但是与之前明显不同的是，原来的协同营销本质上还是一种竞争关系的变体，互联网思维下的共生经营，则是远离竞争的价值创新。而互联网科技带来的这场社会变革，也使得企业"超越竞争"的夙愿更加成为可能。

这里有一个重要的媒介，也是企业重要的共生选择伙伴，就是你的目标消费者，准确地说叫"粉丝""社群"。这里彼此已经不是一种单纯的利益关系、从产品到货币的商品交易关系，而是真正意义上的共生关系。

不是你自己有多么优秀、突出，而是你和共生对象如何和谐相处，你在未来的生态圈价值链中有没有自己的位置；也不是木秀于林，而是你在一片森林中如何共生成长、彼此激励进化——从现在开始。

同质化的市场

今天的人们，很容易地感受到城市之间的"同质化"。每个城市都有相同的商圈设计和商品品牌，一样的沃尔玛、家乐福，一样的万达广场和都市风情；你看到金融街几乎都是一样的高楼林立且充满现代感；走在上海的街市与沈阳的街市，好像也不会有太大的差距。

同质化是今天必须注意的一个时代特征，在我看来集中表现在金融、数据和用户这三个领域当中。

金融

陈志武教授在其《金融的逻辑》一书中给出观点："金融的逻辑是货币的逻辑演化发展

到一定阶段的产物，货币的逻辑演化到金融的逻辑是人类经济增长方式的转变。同时金融的概念随着经济的发展也在不断深化。到了知识市场经济时期，资产运营上升到资本运营，人类经济增长方式由资产运营为主导上升到资本运营为主导，投融资方式不但有间接投融资而且有直接投融资时，所谓金融，就是资本运营，而资本运营就是投融资，包括直接投融资与间接投融资两种形式。知识经济时代金融的逻辑，是资本运营的历史发展的必然结果；资本运营的历史，是金融的逻辑在时间上的展开。金融的逻辑就是资本运营的逻辑，资本运营的逻辑是资产运营的逻辑的提升。因此金融的逻辑不是凭空产生的，也不是人类有交易活动时就有的，而是人类经济增长方式发展到一定阶段的产物；而随着人类经济增长方式发展的金融的逻辑，就是金融由配置功能向再生功能转化。"

拿破仑说过一句话："金钱没有祖国，金融家不知何为爱国和高尚，他们唯一的目的就是获利。"这句话如果抛开其他的界定，单纯理解为对于金钱和金融的功能而言，也许是对的。人们都知道国际市场（如纽约外汇市场等）每日交易的总量，大大超过了一个国家内部交易总量，甚至超过两个国家之间的交易总量。这些大量的交易，奉行着相同的游戏规则，今天的货币已经摆脱了国家的束缚，跨出了国界。

1997 年 3 月 2 日索罗斯攻击泰国外汇市场，引起泰国挤兑风潮，挤垮银行 56 家，泰铢贬值 60%，股票市场狂泻 70%。泰国政府动用了 300 亿美元的外汇储备和 150 亿美元的国际贷款企图力挽狂澜。但这 450 亿美元的资金相对于无量级的国际游资来说，杯水车薪，无济于事。

由泰国引起的金融动荡一直蔓延到亚洲的北部乃至俄罗斯，马来西亚、印度尼西亚、日本、韩国，以及我国香港和台湾地区均受重创，导致工厂倒闭、银行破产、物价上涨等一片惨不忍睹的景象。这些国家和地区人民的资产大幅缩水，亚洲人民多年来创造的财富纷纷贬值，欧美国家利用亚洲货币贬值、股市狂泻的时机，纷纷兼并亚洲企业，购买不动产，以其1%的代价轻易获取了百分之几百的财产。

这场扫荡东南亚的索罗斯飓风一举刮去了百亿美元之巨的财富，使这些国家或地区几十年的经济增长化为灰烬。那一时期的亚洲人都记住了这个恐怖的日子，记住了这个可怕的人，人们开始叫他"金融大鳄"。在一些亚洲人的心目中，索罗斯甚至是一个十恶不赦、道德败坏的家伙！

索罗斯自己却不这样认为，他说："我是一个复杂的人，在世界一些地区，我以迫使英格兰银行屈服和使马来西亚人破产而出名，即作为投机者和魔鬼而出名。但在世界其他地区，我被视作'开放社会'的捍卫者。"他曾说过，"在金融运作方面，说不上有道德还是无道德，这只是一种操作。"所以我也无从评价他及其所作所为，但是从这一切的结果来看，金融是完全跨越国界自成一体的。

数据

最早提出"大数据"时代到来的是麦肯锡咨询公司，麦肯锡称："数据，已经渗透到当今每一个行业和业务职能领域，成为重要的生产因素。人们对于海量数据的挖掘和运用，预示着新一波生产率增长和消费者盈余浪潮的到来。"

托夫勒早在《第三次浪潮》一书中称大数据为"第三次浪潮的华彩乐章"[13]。哈佛大学社会学教授加里·金说:"这是一场革命,庞大的数据资源使得各个领域开始了量化进程,无论学术界、商界还是政府,所有领域都将开始这种进程。"IBM执行总裁罗睿兰认为,"数据将成为一切行业当中决定胜负的根本因素,最终数据将成为人类至关重要的自然资源。""大数据标志着人类在寻求量化和认识世界的道路上前进了一大步。过去不可计量、存储、分析和共享的很多东西都被数据化了。这为我们理解世界打开了一扇新的大门。社会因此放弃了寻找因果关的传统偏好,开始挖掘相关关系的好处。"[3]

"数据"带来的变化,已经不再停留在技术层面,也不仅仅是商业层面,更本质上讲,它为我们看待世界提供了一种全新的方法，即决策行为将日益基于数据分析做出，而不是像过去更多凭借经验和直觉做出。

我第一次感受"数据"的神奇是在亚马逊上买书，当我选好了一本书之后，亚马逊会根据我选定的图书，推荐相关图书给我，而且它推荐的书的确是我需要购买和阅读的，非常准确。

"数据"作为一种自然要素，已经渗透到每个人的生活当中、行为当中；"数据"作为一个世界，已经并行于物质世界，成为人们生活不可或缺的一部分。

任何国家或地区的人，都在享用相同的数据信息。德鲁克先生在谈论后资本主义社会的时候说过"信息也没有祖国",因为在今天,信息如货币一样也跨出了国界。人们可以在不同的国家,借助于信息技术同步了解相同的资讯,同步观看相同的电影,同步获得相同的产品。

用户

用户不等于顾客。从用户的概念出发,免费成为一个你必须要选择的途径,而从顾客的概念出发,服务成为一个你必须要选择的途径。

免费的概念对传统企业一直是一个困扰,但是小米模式解决了这个问题。库存、渠道费用、营销费用这三个传统企业销售必须付出的成本,在小米这里变成零库存、零渠道费用、零营销费用。小米说，"我们不打价格战，我们直接降到成本价。"这样的模式是把价值延伸到价值链里面去，寻找全新的价值来源。

　　2013 年年底公司年会的时候，我邀请周鸿祎给我们的管理团队讲话，他站在台上问我的同事，"卖饲料可以免费吗？"大家觉得这个问题很奇怪，然后他接着说，"其实你可以免费给农民提供培训服务，很多农民买了东西却不知道怎么用，你可以帮忙解答；原来是收费，现在你可以拿出一个亿，变成免费，做一个农民朋友可以在手机上使用的在线专家网络。不管是不是新希望的客户，不管种地，还是养猪、养羊，都可以用，这不比打一个亿的广告效果要好？"

互联网最大的特点，就是要获得用户，要保持与用户之间的黏性，小米如此，微信如此，360如此，阿里巴巴也是如此。互联网企业之所以可以让传统企业感受到如此巨大的压力，就是因为互联网企业拥有用户，并与用户保持黏性，能够建立庞大的用户群，并能够很好地与用户互动；互联网公司更理解人性，理解人性所需要的关注。

这些公司没有如传统企业那样，首先去想如何赚钱，而是首先去想如何获取用户，其本质就是解决如何连接用户的问题，或者说给用户提供什么产品和服务的问题。只有解决了这个问题，用户才会与你连接在一起，而这个时候，你一定可以找到一些有价值的增值服务，让用户长期依赖你，并有一部分变成你的顾客，从而让你盈利。这就是用户与顾客的区别，先有用户、用户的黏性，才会有顾客、顾客的价值回报。

顾客是有区别的，用户是同质化的。如果没有中国线上6亿活跃的用户，阿里巴巴会成为全球最大市值的公司吗？如果没有6亿的用户，腾讯的微信能够如此迅捷地取代微博成为人们交往的主要工具吗？答案显而易见，如果没有这些同质化的用户，一定不会有这些在今天看来璀璨无比的新兴企业。

移动技术和互联网技术，让使用相同终端和平台的人，在认识世界和理解世界的过程中，越来越接近。而终端设备的普及和应用的便利性，会让人们的生活方式和消费方式越来越接近，这是我们必须接受的现实。

自主的个体

这个时代的个体具有的独特魅力：自信、独立、颠覆和不畏惧挑战。我曾经在很多场合说过自己的一个观点，在互联网技术背景下，创新不再基于组织而是基于个人。

多元与独立

2013年5月我到新希望六和出任新的职位，这个时间点也是公司新员工入职的时间。到了7月新员工入职培训开始，其中一个环节我记得最清楚，就是请入职新员工讲讲他们的理想和愿望。这些年轻人把自己对成功的期待、对未来的期待描绘得非常清楚，在倾听中让我理解到他们对成功的渴望。

2014年相同的时间里，公司迎来了又一批新员工，相同的环节中，年轻人的梦想开始有不同的色彩，有人希望走遍全世界，有人希望吃遍全世界，还有人的理想是生个女儿，女儿一生下来就是富二代。只是一年的时间差，年轻人的追求和梦想就完全不一样了，这就是需要人们关注的变化和事实。

我一直在大学教书，总是保留与本科生的交流，因为有这样的交流可以让我不至于落后于这个时代，也因有这样的交流，可以让我看到鲜活的个体、蓬勃的动力以及千万种可能。

几年前和学生们在一起，我们讲得最多的故事是"一滴水和大海"的故事。

　　一滴墨水在一杯清水里，这杯水立即变色，不能喝了；一滴墨水融到大海里，大海依然是蔚蓝色的。为什么？因为两者的肚量是不一样的。

这个故事让学生了解到需要融合在更大的组织里，也让学生知道在更大的组织平台里，个人是多么的渺小，所以不能够太过骄傲，不能够把自己看得太重，关键是要在一个大的组织平台里，历练成长。今天和学生们在一起，讲得最多的故事是"狗和狼"的故事。

　　有一天，狗问狼：你有房子、车

子吗？狼说没有。狗又问：你有一日
三餐和水果吗？狼说没有。狗鄙视狼
说：你真无能，怎么什么都没有！狼
笑了：我有不吃屎的个性，我有我追
逐的目标，我有你没有的自由，我是
孤独的狼，而你只是一只自以为幸福
的狗！

两个故事也许能说明人们认知上的改变，
这种改变带来了个体的多元价值选择，带来了
个体独立自主的个性张扬，也带来了整体社会
价值观的多元化。所以，并不是年轻人发生
了变化，而是这个时代的每个个体都发生了
变化。

"只有偏执狂才能生存。"这句话是英特尔

公司前首席执行官安迪·格鲁夫的一句名言，我第一次看到这句话的时候，只理解为格鲁夫是偏执狂，而他也因这样才能成功。但是当我接触到越来越多创业者和专业人士时，发现偏执狂其实是一种个性的表现以及个体价值观。

大前研一说过："偏执狂这个词一般给人一种病态、盲信的印象，但格鲁夫指的是对组织、对他人思想或行动抱持怀疑态度，这种怀疑的态度是积极的，同时也是偏执的。"[14] 我比较喜欢大前研一对偏执狂的解释，这也让我看到一个坚持不懈、持有危机感的人，才可能在这个变化的时代生存下来。

记得乔根·兰德斯说过的一段话："现在人类的努力所遭遇到的瓶颈无关知识。困难在于缺乏共识。"[2]互联网技术和信息数据的力量，让每一个人能够获得更多的资讯，每一种观点都可以找到信息来作支撑，每一件事情都会有人支持或者反对。形成一个大多数人都持有的观点变得十分耗时，甚至非常困难。每个独立的个体都充满了多样性与复杂性。

自由与责任

移动技术的出现，不仅仅让交流成为更为便捷的方式，不仅仅让商业模式创新变得更加丰富，更重要的是让人的自由拥有了更加厚实的技术基础。互联网技术的出现，无疑是让人的创造性得以施展，让人性得以张扬，推动社会巨大进步的又一次验证。

早年那些杰出的商业领袖无一不深谙此道，也都曾或直接或间接地加以运用。当威廉·休利特和戴维·帕卡德于1939年创立惠普公司时，在他们开启硅谷辉煌时代的过程中，二人明确树立了"以技术贡献社会"这一经营目标；比尔·盖茨创立微软的时候，更是要借助于技术的能力，给人类一个"看世界的窗口"。正如戴维·帕卡德所言，众人结成一家企业为的就是"贡献社会，虽然这话听来老套，却道出了事情的本质"。威廉·休利特也曾说过，"我们的经营是本着这样一种假设，只要为社会做出贡献，收益自会随之而来。"[15]

为什么这些杰出的商业领袖能够如此确定自己的经营宗旨，能够明确技术带来的价值？

就是因为他们深知技术与人之间的关联，技术本身就是提升和解决人自身能力和困境的。以不断进步的技术改善民众生活这一理想令这些杰出的商业企业饱经风雨而屹立不倒，历经沉浮而发展不辍。

1980 年，标普 500 强公司的整体市值几乎完全由有形资产（现金、办公室、厂房、设备、存货等）构成。而到了 2010 年，有形资产在标普 500 强公司的市值中仅占 40% ~ 45%，其余部分则由无形资产构成。无形资产的核心是什么？就是在顾客心目中的价值创造，可以归结为这家公司技术与人组合后的创造价值。

互联网技术与以往时代的技术最大的不同，在于这个技术所带来的效率以及信息对称的程度已经远远超出人们的想象，信息与数据获取的便利性也远远超过人们想象的程度。更重要的是，这一切发生所需要的成本，也似乎被消化掉了，虽然人们并不清楚是如何消化掉的。

所有这些，都让人们的生活方式、思维习惯、行为结果发生了逆转，甚至是颠覆。更加不可思议的是，互联网技术促使人们不得不开放自己，因为互动本身需要价值交换，唯有开放自己，才有可能与其他人互联。

我特别喜欢2014年美好团队所做的"统一方便面爱上了美好火腿肠"案例。美好食品是新希望六和旗下的肉食品品牌，美好的同事告诉我，他们一次在火车站等车的时候，偶然看到旅客把方便面里的火腿肠随手丢掉了，职业的责任让他们马上想道："为什么顾客会把火腿肠丢掉？""一定是火腿肠不好吃。"想到了就去做，他们决定研发一款让大家在吃方便面时，喜欢吃的火腿肠。

他们也为自己的想法所激励和驱动，很快产品就研发出来。当他们去找到统一食品的时候，两家公司相同的经营理念，以及对消费者负责的追求，让大家组合在一起。统一方便面第一次在自己的盒盖上印上美好火腿肠的广告，而美好食品也第一次与方便面企业跨界组合，产品一推出就卖了2亿份，让2亿人了解到一个全新的组合。

这些努力给美好团队带来的创新能量不仅

激励了营销团队，也激励了制造部和其他职能部门，让这家以制造生产为主的公司，具有了全新的质素，也实现了非常扎实的增长，盈利能力一再创新高。更重要的是，我的同事们学会了开放、互联、合作与创新，学会了自由创造的美好，同时也感受到了担当责任的美好。

对于今天的团队成员而言，一定要了解他们对自由的渴望，了解他们希望独立、打破框框的渴望；同时，也一定要了解他们愿意承担责任，有能力承担责任的内在价值判断。如果你乐于接受这样的管理理念，你就会有可能，将你的业务与人类的基本理想相联系，你的企业和你个人的事业就能实现惊人的飞跃。

人人是创客

"人人是创客"这句话来自于张瑞敏在2014年海尔年会上的讲话，我觉得它很贴切地描述了这个时代个体的核心特征。

近些年，明星创业品牌层出不穷。滴滴改变了城市人们的出行方式；科大讯飞用 AI 语音技术让沟通更简单；海尔平台孵化的雷神仅用 2 个月的时间，便打造出一个全新的爆款产品，2018 年的销售额近 12 亿元；今日头条平台的抖音，在短视频 App 的红海中脱颖而出，几乎成为短视频社交软件的代名词。

在陈发树董事长的慷慨捐赠下，我与北京大学的何志毅教授、哥伦比亚大学的埃德蒙·菲尔普斯教授一起创立了新华都商学院，新华都商学院致力于创业教育，成为中国第一个获得"创业与创新"方向工商管理硕士学位授予权的院校。

埃德蒙·菲尔普斯教授被誉为现代宏观经济学的缔造者，《大繁荣》所表达的现代经济理念也能很好地说明这一点。《大繁荣》所倡导的现代经济与传统经济相比，突出的标志就在于创新，这是现代经济体的活力之源。相比效率，创新更能从深层次说明繁荣的驱动力。

管理史学家钱德勒在《管理的历史与现状》[16]中曾记载这样一组数据：1911年福特汽车的销量为4万辆，1917年增长至74.1万辆，而1925年则高达149.5万辆。管理学通常把这一经典案例的成功归结于效率的提升，这种效率的提升从理论上可以更早追溯到斯密在《国富论》中的分工思想。

菲尔普斯提供给我们全新的视角，他将福特在这一时期的繁荣视作创新的典型案例，因为亨利·福特拥有天才级的创意：每个人都应该拥有一辆汽车的理想，这种追求驱动了效率工程。由此可见，现代经济体的繁荣除了关注效率之外，还要有更深层次的创新追求，这种创新源于大众又服务于大众。所以，菲尔普斯在书中特别强调了"草根创业"的观点。

在中国各地，无数的创业团队为梦想去奋斗，他们每天都迸发出巨大的能量，这是一个不断诞生奇迹的年代，一个人人都可以实现梦想的年代。

第 3 章

组织新属性

我们已经遇见了敌人，那就是我们自己。

——引用自 1970 年第一届地球日的一张海报

巴纳德告诉我们，组织基于合作，而合作基于个体生存的需要，组织是由于个人需要实现他自己在生理上无法单独达成的目标而存在的。巴纳德有关合作系统的概念，解释了"组织目标处于核心地位"的思想，并表明了组织的属性，就是个体目标与组织目标的一致性。

管理学界几乎一致认为，巴纳德关于组织理论的探讨，至今几乎没有人能超越，西方管理学界称他是现代管理理论的奠基人。我也是从巴纳德处理解组织的属性的。但是互联网的出现导致了个体能力的改变，恰恰出现了相反的情形，组织是由于组织需要实现它自己无法单独达成的目标而存在的。

简单一点说，互联网出现之前，个体要实现个体目标一定要依附于组织；互联网出现之后，组织要实现组织目标一定要依附于个体。

这个表达不一定完全正确，但是的确是想说明组织属性在互联网时代，发生了根本性改变。这个根本的改变让组织具有了全新的属性：平台性、开放性、协同性、幸福性。

今天的组织具有了全新的属性

平台性　开放性

协同性　幸福性

平 台 性

明茨伯格非常清晰地确定，管理是控制、行动、处理、思考、领导、决策以及更多。管理不是这些角色的简单相加，而是它们融合而成。现在，也许管理者的角色没有变化，但是被管理者的角色变了，他们更在意参与决策，对称的信息交流，以及互动的人际关系。

因此对于今天的组织来说，平台属性就显得极为重要了。组织的平台属性，表现为信息共享与责任固化。

信息共享

我自己就是一位首席执行官，让我感受最深的是，我的同事们更希望直接与我沟通，而不是通过正式的组织渠道来获取信息。当我与年轻人在一起的时候，他们会有强烈的表达欲望，在他们看来，这样直接的面对面的沟通，更能展示他们的才能，也更能明确公司战略和方向。

按照原有的组织管理习惯，是按照层级以及组织信息传播的方式进行沟通，而今天成员要求打破组织的壁垒，要求彼此之间有机会"保持接触"，要求能够直接对话。

很多公司设计开放式办公场所，有的公司还会开放所有会议，只要成员需要，就可以参加会议，这样的安排，让大家充满激情。因为信息对称本身，也是激励本身，人们会因为拥有对称的信息，感受到安全以及被信任，因此也可以激发大家的积极性。

在一个组织中，人们总是关注信任关系的建立，而建立信任关系的感知，就是是否可以获得对称的信息，是否可以建立一种平等的、亲切的沟通氛围和组织形态。我一直欣赏那些拥有亲密无间合作关系的团队，并不是因为团队成员之间的一致性，而是因为团队成员可以开诚布公地交换信息。这种交换本身带来了彼此的信任，并协同彼此完成很多在个人看来无法完成的任务。

责任固化

一家好的公司一定会在员工职业生涯管理上做出规划，20世纪50年代传统导向的"组织人"对成功有一个清晰的定义，甚至可以简单地认为就是获得组织认可，并承担更高职责，获得更高职位。

今天，人们对于职业生涯成功的理解完全改变了，很多人甚至会认为，自由地控制自己的时间是职业生涯成功的标志，人们不再认为向上升迁是成功的标志，而个性化多元发展才是成功的标志。

职业生涯管理的核心，是"关注个体"，所以它也是组织用来解决与个体关系的方式方法。在传统的组织里，这项工作常常被认为是组织的职能并由管理者来承担，企业会设定一个"指导者"来完成这个功能。而互联网改变了个人与组织的关系，改变了个人与组织的力量对比，也改变了指导者与被指导者的力量对比。

今天的组织，更像是蜂巢，CEO只是一个象征性的存在，犹如蜂巢中的蜂王，每一个成员都高度自治，自我承担职责，组织甚至不再能够界定核心员工，每个成员都需要发挥各自岗位的关键作用。

张瑞敏在海尔内部倡导新的组织管理理念："企业无边界，管理无领导，供应链无尺度，员工自主经营。"这一切都是为了让个体和组织组合的时候，符合互联网的组织管理要求。华为倡导让听得见炮火的人做决策；小米科技提出的合伙人组织，扁平化管理，去KPI驱动，提倡员工自主责任驱动。美的集团在家电行业率先推出合伙人制，帮助美的具备扁平、高效、精简的"小公司"特质，具备奋斗、敬业、执行力超强的"创业公司"特质，具备开放、进取、有激情、有事业冲动的"新公司"特质。

有一个对华为管理特征的描述，我觉得非常形象："流程固化，人员云化"，任正非把华为的组织打造成为"云"，通过流程让人员活化，并让彼此交互与协同。比如华为著名的"铁三角"组织模式，将原来前线的一个客户经理对客户的模式，调整为以客户经理、解决方案专家、交付专家组成的三人小组。这样的好处显而易见，原来客户经理接触客户，而后再流程化地呼唤后方的解决方案专家和交付专家，内耗非常多，现在三个人共同解决客户的问题。

对于一个组织而言，需要让成员之间可以互动，而不是固化在各自的岗位范围内，让每个成员能够高度自治的同时，又能够与其他人共同工作，这样才可以创造尽可能大的价值。

开 放 性

对于每一个企业而言，互联网是一种全新的商业秩序的基础，也是一种全新价值链秩序的基础。一方面，互联网授予了消费者前所未有的权力，在消费者的需求驱动下，任何一个组织都不得不开放自己，融合在互联网所缔造的全新价值网络中，重新界定企业的价值。另一方面，互联网授予了个体前所未有的能力，在个体价值实现目标的驱动下，任何一个组织不得不开放自己，让组织融合在互联网所缔造的全新价值网络中，重新界定组织的价值。

动态组合

传统的商业环境中，企业组织内部，以及企业所在的价值链体系，都是一个封闭的环，成员之间是一种串联的关系。

互联网时代，成员之间是一种网络的关系，各个点之间互联互通，成为一个有机的生态圈，成员既独立又包容，因此，开放、合作、共享是互联网组织形态的基本生存法则。

在我讲授"组织行为学"的 20 年间，感受最大的变化是新组织形式的出现，我们很习惯于一种相对明确边界和稳定结构的组织，比如直线式、职能式，到了矩阵式，很多企业就会产生混乱，甚至无法让组织有效展开工作，产生很多的内耗。事业部制的出现，的确培养了经理人，并让企业得以快速扩展，但是也出现了事业单元之间不合作、诸侯割据的情形。

不过以上组织形式，依然是在一个层级结构之中，对于管理者来说，相对可控，也好理解。随着信息技术的出现，尤其是互联网技术的出现，一种新的组织形式"虚拟组织"演化出来。

我接触"虚拟组织"应该算是非常早，那个时候还未有这个名称，因为管理研究与咨询的缘故，经常要和不同的人组成不同的项目组，小组成员有企业内部管理者，也有学院的老师，还有其他机构的专业人士，我们为了解决一个具体的问题组合在一起，当任务完成后，这个小组自然解散。

虚拟组织的好处是可以为具体目标组合合适的成员，能够高效工作并发挥每个成员的作用，同时可以根据任务的需求不同，动态地组合成员，并降低成本。虚拟组织以往比较少在正式组织里运用，但是在今天则需要在正式组织里广泛运用。

新希望六和的"新创E"就是一个在正式组织里的"虚拟组织"，它是一个创新事业孵化平台，由集团创新与信息部（原创新与电商事业部）牵头打造。围绕着"文化创新、点子孵化、项目成立、孵化运营、商业运营"等五个维度，以一亿元创新基金为助推器，新创 E 平台致力于为新希望集团营造创新文化氛围，为所有热爱创新的小伙伴提供创新培训、互动交流、方案评审、申请通道、实施跟进、内外资源整合、资金支持等一条龙的创新创业孵化服务。

项目于 2014 年 6 月下旬正式启动。2014 年 11 月正式上线以来开始在集团内部试验推广，截至 2015 年 3 月底，平台累计注册用户近 900 人，发布点子 1333 条，用户遍布新希望集团各大板块。新创 E 平台采用线上与线下相结合的运作方式，线上创新孵化社区以移动端（安卓版和苹果版 App、微信公众号）和网站端为呈现载体；线下创新运营网络以项目管理团队以及配套管理机制为核心，向集团各事业板块分子公司布局管理网点。

项目运营团队以平台管理员 @ 创 E 小秘书账号为窗口，策划执行了丰富多彩的活动。

（1）点子周报和点子评审：每周收集优质点子并汇编为点子周报发予订阅周报的大 V 用户评阅，组织第一届点子评审大会，评选出90 余位活跃用户和 230 条优质点子，集中统计得到人气较高的主题包括品牌建设、鸭血产品开发、生态观光农业、内购平台、创意营销等。

（2）英雄帖悬赏活动：不定期组织线上创

新主题活动，广泛征集大 V 用户实务需求并发布英雄帖，如"为烤肠征名"帖送出了 7 份烤肠以奖励优秀的创意提案，"新·创美好杯"精英双百创新大赛作品征集帖收获了数十份商业策划方案等。

（3）线下创新宣讲、创新大赛：联合集团人力资源部、新希望六和商学院、新希望六和人力资源部以及禽肉事业部等进行创新宣讲，策划组织员工创新大赛活动。

价值网络

2009 年，华为确定了"以代表处系统部铁三角为基础的，轻装及能力综合化的海军陆战队"作战队形，培育机会、发现机会并咬住机会，在小范围完成对合同获取、合同交付的作战组织以及对中大项目支持的规划与请求。

铁三角的精髓是为了目标，而打破功能壁垒，形成以项目为中心的团队运作模式。相应的流程梳理和优化要倒过来做，就是以需求确定目的，以目的驱使保证，一切为前线着想，共同努力地控制有效流程点的设置，从而精简不必要的流程，精简不必要的人员，提高运行效率，为生存下去打好基础。

组织如何解决资源向承担绩效的人倾斜，向顾客倾斜，这是今天企业应对快速变化的核心。大部分情况下，很多企业无法面对外部的变化，是因为企业的内部资源集中在少数人手里，集中在与市场和顾客非常远的地方。华为提供了一个解决方案，让内部的资源可以有效集聚在市场一线并面向顾客，拥有了一个内部价值网络。

但是，这样的一个内部价值网络，并不容易建立，因为**内部价值网络建立的核心是要让权力重新分配**。这些改变会带来很多人的不满或者反对，甚至有些高层管理者，包括企业家在内，会认为是在否定过去所取得的成绩。因此，如果你想在内部构建价值网络，把后方变成系统的支持力量，让资源汇集到一线和顾客端，首先需要高层管理者和企业家能够沿着流程授权、行权、监管，来实现权力的下放，要有真正对一线和顾客端的重要性认知，要能够控制高层管理者和企业家自己拥有权力的欲望。

企业在打造内部价值网络的同时，需要构建外部价值网络，对于今天的企业而言，**开放结构而非建立壁垒是极其重要的组织管理要求**。能够因应市场变化与技术变化的企业，都会让自己融入一个生态系统中，你中有我，我中有你。

我们很难说阿里巴巴是阿里巴巴的，应该说阿里巴巴是成千上万在其上开店的商户的，然后是上亿的线上消费者的，之后是众多投资者的，最后还有马云和阿里巴巴人。我们也很难说小米是小米的，小米构建了一个健康的生态链，从"米粉"到供应商，从产品到服务，从硬件到软件，三条价值链贯穿而成的价值网络，让小米以极高的速度获得消费市场和投资市场的双重认可。

Web 设计师 Manu Cornet 在自己的博客上，画了一组美国科技公司的组织结构图。在他笔下，亚马逊、谷歌、Facebook、微软、苹果、甲骨文 6 家公司的结构跃然纸上（见图 3-1），看着错综复杂的关系网络，你可以理解这 6 家公司所具有的价值创造能力。

《第一财经周刊》如法炮制了一份 6 家中国科技公司结构图（见图 3-2）——百度、腾讯、华为、联想、阿里巴巴、新浪。虽然这 6 家公司风格各异，但价值网络的构建，帮助这 6 家公司获得了属于自己的竞争优势。[17]

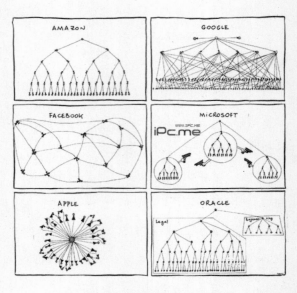

图 3-1　6 家美国科技公司结构图

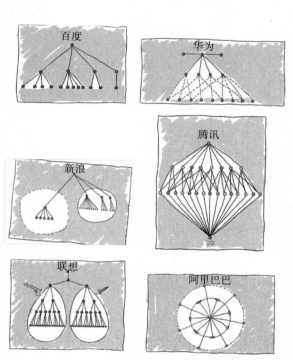

图 3-2　6 家中国科技公司结构图

协 同 性

组织管理重在维持一个庞大而复杂的协作体系，不仅包括组织中的一群人，也包括组织外的各个成员。

组织中的任何一个成员都是独立的个体，但其活动是非个人性质的，其依存于整个组织的活动，和组织的其他成员以及整个组织活动休戚相关、相互联系、相互影响。

这恐怕是今天组织管理最为不同的地方，因为在互联网出现之前，组织中的个体并不是独立的个体，他具有组织的属性，但是互联网出现之后，组织中的个体是独立的个体，同时具有组织的属性。这样就要求，一方面尊重个体的独立性，不能简单采用管控的方式，另一方面需要协同人们的行为，让个体与组织能够融合，做到这两点需要流程重组与目标导向。

流程重组

流程最大的作用，是可以发挥促进作用以便获得必要的努力。促成组织中每一个成员的个人努力，是组织管理需要付出极大努力的职责。这主要体现在以下两个方面：一是促使成员与组织建立协作关系；二是促使成员加倍贡献力量。

组织管理如果要得到这方面的效果，就要做到巴纳德所强调的两点：第一，引发成员对于组织的兴趣，使他们加入组织；第二，想方设法地采取各种措施和手段提供条件和帮助，使成员能够同组织建立协作关系，力图使其成员为组织加倍贡献力量。后面这一点，正是流程需要完成的功能。

我曾经被三星的案例所震动，虽然这是很多年前的案例，但是今天读来依然有很大的启发。

1992年尹钟龙上任之初，三星电子的整个业务流程效率低下，尹钟龙因此实施了PI（工艺流程革新），消除这些业务流程中的效率低下因素。三星电子引入SAPR/3——德国SAP公司研制开发的软件，且被IBM、惠普等美国超一流的IT企业引进，作为管理全公司资源的系统。

推进此软件，前提是所有的业务标准化，

因此尹钟龙在6个月的时间里，在产品条形码，到会计项目的所有业务的标准化上都下了很大的功夫，并获得了很大的成功。此后，从接受订单到出货，从60天变成9天。

在1996年年底重新执掌三星电子以后，尹钟龙又推动了六西格玛运动。六西格玛运动从三星电子管开始不到一年的时间，就获得了"精密技术振兴大会总统奖"。

对于库存，尹钟龙尤为用心，他从书店的库存管理受到启发，开发了VMI（即供应商管理库存系统）。这种系统就是由零部件供货人（与三星合作的企业），以自有的费用管理库存，而零部件的使用者三星电子，则按照实际使用的产品数量来支付款项，即事后结算。

换句话说，合作企业的仓库算是造在三星电子的工厂里边。为了供货渠道的畅通，三星电子在 12 个星期以前，就要向合作企业通报所需要的零部件名称和数量，必须提前 4 个星期向这些企业通报确切的数量。对供货商来说，可以实现制订生产计划，保证适当的库存量，而三星电子，则没有必要再建造原先自己管理库存量时所需的仓库。

三星电子的移动电话走向市场，很快成为世界第二大移动电话生产商，这跟"零库存"管理分不开——1999 年，三星电子的 SCM 和 ERP 上马，以三星电子在世界各地的法人机构为对象，全面落实，覆盖了从半导体器件到移动电话的所有品种，DRAM 和移动电话的库存时间是两天。

三星为打造这一维系国内外所有生产、销售法人的管理系统，就投资了一兆以上韩元。流程重组给三星带来了革命性的变化，让流程上的每个成员有效地协同工作，协同带来的效率提升，使得 20 世纪 90 年代的三星一跃超过索尼，成为全球最大的电子企业。

面对互联网的冲击，海尔集团首席执行官张瑞敏曾总结说，"近几年来，海尔主要做了一件事：流程再造。归结起来就是两个转型：一是商业模式的转型，就是从原来传统商业模式转型到人单合一双赢模式；二是企业的转型，就是从单纯的制造业向服务业转型，从卖产品向卖服务转型。"

张瑞敏如此解释"人单合一双赢模式","人"是指企业的员工,"单"表面上是订单,但本质上是用户,包括用户的需求、用户的价值,也就是把员工的价值与用户联系在一起。"双赢"指员工不根据完成上级任务的多少和好坏拿钱,而是由员工为用户所创造的价值决定。人单合一就是每一个自主创新的主体与第一竞争力的市场目标的合一。

员工能力高低不是由领导评价,而是看市场和用户认可与否,形成每个人创新空间的平台,自己的成果自己说了算,是自驱动而非他驱动。人单合一的目的就是使每个人能够不断自创新、自驱动、自运转。

目标承诺

经理人员不仅要制定目标，还要设法让组织的所有成员都接受这个目标，经理人员在制定目标时，一方面自己要承担责任，另一方面要将部分工作授权给其他管理人员来完成。这样可以减轻经理人员的工作负担；更重要的是，可以使组织的其他管理层以及一线工作人员对组织目标有更清楚的认识。

我关注到一种工作会议的方式，是沃尔玛创造并应用的，称为联合工作会（joint practice session，JPS）。JPS 最初是由山姆·沃顿发明的，并在沃尔玛得到了应用及发展，之后被乔布斯在苹果奉为经典，后来又为艾伦·穆拉利（Alan Mulally）所用，带领福特汽车成功走出困境。拉姆·查兰认为在打造组织灵活性方面，JPS 是他见过的最有效的工具。

山姆·沃顿驾驭企业的法宝就是 JPS。他会把公司的核心高管，包括店长和采购、物流及营销等主要职能负责人，聚集一堂，共同探讨如何在日常工作中践行公司的宗旨：天天平价。与会人员聚焦在以下几个问题：哪些商品顾客想要，但我们没有？哪些商品我们有，但销路不畅？与竞争对手相比，我们的价格水平如何？为此与会人员会定期寻访竞争对手的门店，随时掌握第一手信息。除上述问题外，大家也会关注有多少顾客空手而归。

在我看来，这个会议的核心是让每一个目标能够成为所有与会人员共同讨论和界定行动的标准，以确保人们行动之间的一致性和协同性。

大部分中国公司的每周例会及每月经营分析会其实都是下属对上级的汇报，几乎没有团队协作的成分。经营分析会重点关注的是当期预算完成情况，人们总是习惯汇报指标，然后做原因分析。没有完成指标的人，会觉得没有面子，完成指标的人会兴高采烈。

但是通常在这样的会上，人们并没有真正解决问题，相反仅仅是信息通报而已，大家既没有学习到技能和优秀做法，也没有得到相应的指点；而上级也只是就事论事，把自己的观点表达出来而已，对下属的士气、业务重点以及彼此协作关心甚少。

结果就是，会议上都是一些程序性的表述，甚至有些经理人把准备材料的工作交给下属或者秘书来做，根本就没有认真去思考，也就不可能整理出属于自己的思路和解决方案。

我也将 JPS 引入新希望公司的月度会议和工作会议。JPS 会议与大家习惯的会议不同之处，在于能够让目标来界定行为，每一次会议就是一场比赛，每位参会的成员都是运动员，都在时刻响应客户需求，承诺目标的要求，随时调整自己。在会议上，大家要能够当场做出决策，及时解决冲突，这样才可以使整个公司变得非常灵活、非常高效。

公司推进了一个关于养殖效率提升的计划——"福达计划"。当发现需要提升养殖户经营能力时，经营管理部的负责人就会主动请缨，确保安排专职人员负责解决这个问题。这样的会议机制能让每个人都着眼于外，以客户需求及市场竞争为出发点；还能让每个人都从全局出发，着眼于企业整体利益，有效打破条块分割的部门隔阂。尽管大家仍然各司其职，但协同作战的习惯已经成为"福达计划"的文化。市场技术部、经营管理部、技术部以及区域单元协同，成果自然水到渠成。因为策略对路，新希望六和在养殖户技术服务部分，在同行业中一直处于领先地位。

幸　福　感

传统的人力资源管理方式已经逐渐对员工

频繁跳槽、人际冲突、工作倦怠等问题失去效力，变得无能为力。如何对员工进行有效的管理，激发其工作积极性与主动性成为所有企业需要思考的问题。实际上，管理者首先要了解员工的需求及工作的动机，这样才有可能采取合适的管理措施。

"工作不创造幸福，但有助于得到幸福"[18]，博德洛与戈拉克将工作解释为员工获得幸福的一种媒介。在某种程度上，工作是员工能力得到充分发挥的一种重要渠道。

为了获得赖以生存的工资收入、获得自身的充分发展，人们选择了工作。然而，如果工作本身仅仅是作为获得幸福的一种媒介，则不能解释工作场所中出现的类似组织公民行为等现象。人们选择工作还存在着另外一种动机，就是希望能够从工作中获得幸福感。威廉·詹姆斯（William James，1902）曾说，"事实上，获取、保存以及恢复幸福是所有时代绝大多数人行为的背后动机。"[19]

研究表明，幸福的员工比不幸福的员工有更高的工作成效，更具稳定性，也更有生机活力。[20]员工幸福感在今天已经成为影响员工工作热情和积极性的重要指标，这在年轻人为主的公司愈发显著。

组织支持资源

如果员工感受到组织愿意为他们提供多方面的支持，那么员工就会为组织的利益付出更多的努力。企业管理实践表明，组织为员工提供的资源并不仅限于工作相关的资源，还包括为员工个人及家庭提供的相关资源。

例如，通过组织支持资源帮助员工解决生活上的问题，为员工提供丰富的物质资源以及福利待遇，从衣食住行直至婚姻、老人健康、子女教育，惠及员工家属。这些组织支持资源一方面减轻了员工家庭的各项生活负担，另一方面，塑造的良好文化氛围将更容易得到家属的情感支持。

我和一晓曾经研究过一个有关案例，这家企业叫作视睿科技公司，总部位于广州高新区的核心园区广州科学城，是国内较早涉足液晶显示技术领域的企业之一，现已成为全球最大的液晶驱动类产品方案提供商。

视睿科技的员工幸福管理之道就在于为员工的发展提供了多方位的组织支持资源，照顾了员工的多种需求，使员工的工作—家庭—个人得到平衡。而来自工作、家庭及个人的满意度将会影响员工幸福感。视睿科技的薪酬制度，可以概括为以下几项。

（1）薪资收入＝基本薪资＋绩效薪资＋工龄津贴＋年底双薪。

（2）透明的薪资制度，每个人的工资和奖金都是公开透明的。

（3）每季讨论一次薪资，员工可以随时对自己或其他人的工资、奖金提出调整意见。

（4）月度绩效工资：每月评定一次，根据

当月目标完成情况而定。

（5）特殊奖励：对公司的系统运营及管理方面提出有效建议或推动，并因此产生相应的改善，公司给予激励及奖励。

（6）补贴方面：包括父母补贴、探亲补贴、旅游补贴、节日补贴及通信补贴等。

特别地，对于新入职的毕业生，考虑到新人成长很快，视睿薪资的调整也相应较灵活。

自我实现带来的成就感是员工幸福感的重要来源。视睿科技领导与政策对人才的爱惜以及员工成就的肯定极大地鼓舞了员工士气。在公司创建之初，三位股东就达成了以下共识：

第一，董事长和总裁的职位宁愿空着，这

幸福管理之道就在于为员工的发展

提供了多方位的组织支持资源

照顾了员工的多种需求

使员工的工作—家庭—个人

得到平衡

样三位创始人就可以在旁边观察学习，企业经营就多一层监控的可能性。

第二，创始人的股份比例应该持续下降，公司不应该是家天下，这样做对人才是一种抑制。他们相信一定会有很多人比自己更强，因此，也更愿意让那些在能力和贡献上超越自己的员工在股份的比例上超越他们。

他们深刻地明白，人们总喜欢享受权力带来的快感，这种感觉很好，但有时候权力也很可怕，总会让人难以听到真实的声音。因此，他们决定必须融合一些人才，这样才能真正运营好一个团队。

作为珠三角最佳雇主，视睿科技投入的资源以及给予的支持是提高员工幸福感的重要举措。从领导理念到绩效考核，乃至员工生活，无不体现了视睿科技的人性化管理。公司营业的持续增长和员工的工作状态无不印证了视睿科技是一家增长质量和可持续性都非常好的企业，而这一成功正是建立在视睿科技对员工幸福感的重视之上。

"主人翁"

互联网思维的本质就是商业回归人性，更看重人的价值。无论是以用户为中心，还是对变化环境的快速适应，这一切最终都得益于员工的价值创造与创新。

相对于以往时代的员工来说，互联时代的员工更追求内心的快乐，更重视有趣的工作，同时也需要有展示自己的平台，更在意参与决策以及表现自我——既要工作也要快乐，既要独立也要团队，既要责任也要自由。

让我们看看腾讯是如何做的。腾讯为员工提供了舒适的工作环境，整体的工作氛围突出了自由与开放。例如，在内部讨论会上，品牌经理可以选择任何舒适的方式，甚至坐在办公桌上发表言论。

腾讯建立了企业大学。腾讯学院与 HP 商学院合作设计了一整套员工职业发展体系、管理和专业双通道发展机制，培训体系则包括了专业培训及公开培训。

被员工称为小马哥 Pony 的腾讯 CEO——马化腾是个崇尚共享、自由精神的人，并不会单纯强调"我"的价值，他明白团队的意义。

他曾多次说："对于腾讯来说，业务和资金都不是最重要的。业务可以拓展，可以更换，资金可以吸收，可以调整，而人才却是最不可轻易替代的，是我们最宝贵的财富。"正是由于对员工的关注，仅仅是在校招员工身上，腾讯投入的薪酬、福利、教育、培养等资源，保守估计，3年已经超过10亿元。

腾讯的人力资源管理实行"内部客户制度"，将员工视为公司的内部客户，用产品经理的思维去做HR的政策，关注用户的体验与反馈。这种"客户导向"的方式能够根据员工的不同需求制定人力资源管理政策。

腾讯让员工拥有"主人翁"的感受，给

员工带来快乐和幸福感，而快乐和幸福感又使得员工充分发挥主人翁意识，带给企业极大的创造力和活力，并让企业在同业中脱颖而出。

第 4 章

组织新能力

与你的员工分享你所知道的一切；他们知道得越多，就越会关注；一旦他们去关注了，就没有什么力量能阻止他们了。

——山姆·沃顿

打造互联网时代的组织管理，最为核心的是组织能力建设。很多人都在探讨这个话题，其根本原因在于组织能力本身的确具有深刻的影响，甚至在更多的时候，是企业的领导者面对巨大的挑战，甚至一些领导人本身成为互联时代组织管理的障碍。

我花了两年的时间带领一家曾经有 7 万多人的公司做转型，我了解到对于这个组织而言，有太多的不确定性和挑战要面对，有太多的信息和技术需要承接。如果不是董事会明确方向，并愿意支持我去推动组织变革，我相信公司无法从困境中走出来。

在过去几十年中，我为一些企业从董事长到事业单元的经理人担任过顾问，也因为做管理学教授的缘故，有很多机会涉猎到很多行业和企业。与企业领导人的密切接触与深入交流让我深切感受到，他们目前正面临着前所未有的挑战。特别是传统企业，产生了"集体焦虑"。为什么出现这样的情形？根本的原因还是，互联网时代带来的复杂性和不确定性远远超过了以往任何时期，无论是变化的规模、速度，还是迅猛程度，都与过去根本不在同一个数量级上。要成为命运的主宰者，成为时代的弄潮儿，需要组织具备新的能力。

变革领导者

领导力和权力一直是福列特关注的问题，她认为，"我们现在更认同个体的价值，管理成为更准确的功能定义，逐渐地领导者被视为这样一个人，他有能力给群体带来活力，懂得如何激励创新，使每个人知道自己的任务"[21]。

福列特这样定义权力："权力已经逐渐被视为一个群体的组合能力。我们通过有效联系获取力量。这意味着一些被视为领导的人，他的能力不在于能够施加个人意愿并让其他人追随他，而在于把不同的意愿联合起来成为群体的内在动力。他必须知道如何创造群体力量而不是施加个人力量。他必须创建团队。"

她还写道："**最优秀的领导者并不要求别人为他服务，而是为共同目标服务。最优秀的领导者没有追随者，而是与大家一起奋斗。**我们发现如果领导者不常发号施令，而专家不限于建议的工作，下属——包括经理和工人——会对领导力产生不同的反应。我们希望鼓励合作的态度，而不是服从的态度，只有当我们在为一个如此理解并定义的共同目标奋斗时，才能达到这种效果。"

我希望大家能够从福列特的表述中，理解领导者的职责是什么，为什么领导者这样重要。

领导者的作用不仅仅是激励，也是明确任务的手段。最重要的是，他需要让同事理解，奋斗的目标不是他个人的目标，而是大家的共同目标，它产生于群体的期望和活动。[22]

领导力

拉姆·查兰曾说过，"面对当今时代的结构性不确定性，要想引领企业走向成功，需要全新的领导力。过去的常规套路已经无法适应当今时代的要求，需要企业领导人彻底改变思路，全面更新自己。"[23]

技术在改变，客户的需求也在改变，要服务客户新的需求，就意味着业务转型，意味着公司必须建立新的核心能力。虽然现有业务的利润空间不断受到挤压，但仍然是赚钱的。而要想发展新业务，就必须布局新能力，形成新的文化习惯，招聘新团队，引进新技能。老员工是否适应未来业务发展的要求？新员工能否真正融入公司？发展新业务的步伐多快合适？会不会影响现有业务？

这就是管理者要面临的全新挑战。他们必须面对这些艰难的抉择，必须带领企业前进。他们必须具有驾驭复杂性的能力，平衡长期和短期的利益，平衡新老员工的利益和发展，平衡转型与发展的关系。这些都需要通过转型才可能获得突破。

是否要彻底转型，很多领导者迟迟无法决策，这是最大的错误，因为不是你愿不愿意转型的问题，而是时代已经改变，每一个管理者都必须成为变革领导者。

布道者

互联时代，组织成员会受到很多信息的干扰，员工的价值观也多元化，这就需要领导者能够让组织成员明确并获得坚定的价值判断，在和每个人交流的时候，寻找每个人的正能量。

爱默生说过："缺少热情不可能成就伟业。"而对于员工热情的激发，正是领导人需要做到的事情。

对于组织所要面对的不确定性和变化的复杂性，要求领导者具备坚定的信念和明确的价值判断。我有幸与新希望集团创始人刘永好董事长共同工作过几年，让我可以看到他如何面对变化，明确而坚定立场。面对互联网对传统企业的冲击和挑战，永好董事长在集团内部会议上明确指出："我们必须全面拥抱互联网。"在他看来，农业是最古老的产业，所以需要走一条创新、变革之路。

当我带领一家接近7万人的公司做转型的时候，内心深知需要与大家上下同欲，这样才可共同去面对挑战而赢得新的机会。无论是组织转型、业务转型，还是产品与技术的创新，每一次变化，都蕴含了一个关于未来增长趋势的信息。如果能够不拘泥于我们每个人原有的经验和习惯，不拘泥于我们原有的核心竞争力，以新的视角来看待变化，就能够抓住这个信息，找到增长的机会。

但是，由于这些新的增长机会与变化相伴，人们的第一反应通常是抵触或者无法适应，甚至感觉到是对自己的挑战。此时就要求领导者能够给予人们帮助，让大家可以从内心恐惧和回避中脱离出来，感受到主动拥抱变化所带来的美好。这需要企业管理者首先自己感知到变化，并能够把对于变化的认知传递到公司的业务模式和团队成员当中。这需要企业管理者自己能够灌输和传播，以驱动变化。如果做不到这一点，企业就会被变化所淘汰。

稻盛和夫先生曾讲过一个篷马车队队长的故事："篷马车队队长身上所体现的领导者的第二项重要资质是，'明确地描述目标并实现目标'。[24] 篷马车队从东部出发时，要在美国广阔的西部大地上各自确定到达的目的地，要求队长把全队成员安全地带到目的地。但是，那是连地图也没有、人迹未至的土地，而且篷马车队前行的道路上充满艰难险阻——险峻的山岳和连绵的沙漠阻挡着去路，也会遭遇狼群和美洲狮等猛兽的袭击，同时还要同原住民印第安人作战。面对这重重困难而绝不迷失和放弃目标，叱咤激励车队成员，率领团队到达目的地，这就是篷马车队队长的任务。"

我喜欢这个篷马车队队长，他能够把目标以及自己对所有问题的判断和选择，都满腔热情地向部下诉说，他能够灌输坚定的信念并让成员激情燃烧，直至达成任务。我也喜欢稻盛先生把这一过程称为"能量转移"。的确，管理者应该把自己的能量传递出去，唤醒每一位成员的能量。

坚持

引领变革本身就是一个极具挑战的任务，同时因为变革需要调整很多人的利益，要面对很多冲突，所以这需要管理者具有极强的韧性，无论遇到什么困难，都不要放弃，更不能半途而废。

我在带领新希望六和进行组织变革时，曾经写过一封信给管理团队成员，我是这样对大家说的：

管理者应该把自己的能量传递出去

唤醒每一位成员的能量

"向自己挑战"，这是我对我们公司和我们同事的期望。今日我们能够聚集在一起，能够借助于公司的平台就职于这个充满机遇和变化的市场，是源于公司之前32年的累积和沉淀。但是如果我们不能够自己做出贡献，公司沉淀的这一切都和我们无关，属于我们自己的东西并没有真正呈现出来。如果我们对自己有明确的认识，如果我们觉得自己是优秀的成员，如果我们觉得还有很多力气没有被释放出来，如果我们内心还有埋怨、负向的情绪，那就表明我们还未证明自己，也还未创造属于我们自己的辉煌。

最近3年，行业发生了巨大的变化，一方面源于行业自身发展的影响，另一方面源于市场环境发展的影响，特别是互联网技术发展的影响，以及消费者认知发展的影响，这些发展虽然带来压力和挑战，但更多的是带来变化和机遇。如果我们不能够理解这些变化，不能够利用这些变化以获得经济与能力上的增长，对于变化与机遇来说，我们就没有意义了。

我非常明确地与同事们交流，告诉大家"向自己挑战"从来就是我们的精神，如果能够去传承我们内在秉性中的能量，就足以推动我们改变现在，拥有未来。"改变"会成为我们最大的资产。

我和管理团队花了整整 10 个月的时间，

去理解和认知消费端对于产品和产品可靠性的要求，去理解养殖端的效率、痛点和瓶颈在哪里，去认知我们自己的困难、问题和资源的状况。最令我开心的是，10个月后我们已经上下同欲，达成共识。

我认为这样才能进行真正的改变，才能真正设计出行动的方案，才能够在看到挑战的同时，更看到机会。

在很多场合下，很多人都问我，农牧企业转型到消费端最大的挑战是什么？你的对手是谁？我可以清晰地回答，**转型最大的挑战是我们自己的思维方式和过往的经验，而我的对手就是我自己，所以"向自己挑战"就是我们对于这些问题的回答。**

成为变革领导者

成为一个变革的管理者，我认为要从五个方面去做调整。

第一，思维模式要转变。

"去看看不见的"和"做不可能做的事情"。别人能做的事情你要正常去做，比如说产品、品质、服务。但是还要做一些别人不可能做的事情，比如充分利用经营信息和数据。另外，学会全连接和零距离：与更多的人在上下游合作，在不同地区合作。

第二，真正的客户导向。

什么是客户导向？就是你在做任何事情的时候，知道谁评价你，你在为谁创造价值。之前，我们认为饲料好不好，是养殖户在评价；

而今天是消费者在评价。当评价体系改变时，我们就必须知道我们怎样去创造客户价值，怎么去设计和行动。

第三，人的活性化。

今天，企业规模很重要，资金实力也很重要，但是更重要的是团队和人。

我很认同一种说法：人们以更大的、渴望成长的欲望创造了增长。高增长带来的复杂性与高适应人才下降之间形成了一个剪刀差，这个剪刀差会让企业出现混乱、不协调以及难以协作。但盈利与增长一定来源于高素质的人才，需要让更多的同事成为高素质的人才。

第四，资源整合。

资源整合在今天非常重要，我们需要在企

业内部、行业内部、行业外部、国际市场、国内市场，甚至跨行业寻找整合的机会。我们要在机会中解决问题，不要从寻找原因中解决问题，而整合本身就是最好的机会。

第五，系统思考的内部改造。

系统思考的原则是整体最大。行业的增长、规模的增长绝不含糊，这是一个增长的整体基础。但如果我们不能给员工提供好的薪资，不能给股东提供好的回报，我们也不会有任何机会。这样去理解公司就是整体最大原则。

系统思考的内部改造也可以称为端到端的效率，就像新希望六和，是要把最终的食品效率做到最大化。

激活文化

柳传志先生在联想 30 周年之际写了一封信，其中最触动我的是联想提倡的"发动机文化"。最高管理层是大发动机，而子公司的领导、职能部门的领导是同步的小发动机。柳传志先生总结说，"这种做发动机完成任务的感觉，和做齿轮完成任务的感觉是很不一样的——充满了成就感。而就在这一次又一次的设计、执行之中，主人翁的感觉也越来越浓，小发动机苗子涌现得越来越多。"可见，让组织拥有激活成员的文化，尤为重要。

组织活力

我非常认同联想的"发动机文化"。企业

可持续发展的核心是激发人：激发人的主人翁意识，激发人内在成长的驱动力，激发人担当责任从而获得成就。

我们所处的环境无论用什么词语去描述，有一点认知是非常一致的，那就是"可持续性"是一个艰巨而又重要的话题。无论是现实还是对未来的判断，"一切照旧"的商业模式无法带来可持续发展，我们不得不承受转型带来的痛苦，不得不面对技术创新所带来的生活方式改变。这一切，都迫使我们不得不重新审视：作为管理者该如何引领企业走上可持续发展之路？

彼得·威利斯预测三个主要趋势推动新的范式发展。第一，所有体系中不断增长的压力和干扰；第二，商业和社会组织将快速发展，产生可行度更高的、新的组织形式；第三，人类价值的演变。那么新范式的关键要素是什么？威利斯的结论是，"在商业世界中，我们需要具有企业家精神的企业来解决未来的许多问题。"在我看来，这种具有企业家精神的企业，其核心要素就是在组织中生成那些具有企业家精神的人。

对于管理者而言，环境的变化提出了一个显而易见的迫切要求：每个组织必须在结构内建立可持续成长的机制。一方面，这意味着每一个组织必须准备放弃组织做的每一件事，组织越来越需要有计划地放弃，而不是试图延长一个成功的产品、政策或者习惯的寿命。另一方面，意味着每一个组织必须致力于创新，致力于改善和变革。

2013 年 5 月，我出任新希望六和联席董事长兼首席执行官，到任后，我非常清楚地感知到，新希望六和深层次的问题在于，其经营管理及组织架构走到今天，需要应时而变，调整自己，才能焕发活力，持续成长。一方面，在当前的社会背景下，消费终端的营销、服务价值日益凸显，单纯的养殖生产明显不利于企业的持续发展。对新希望六和而言，朝服务商方向转型，迫在眉睫。另一方面，为了应对不断变化的内外环境，简约高效已成为组织变革的新趋势。海尔、腾讯、小米等公司的组织变革实践无不在践行保障组织效率，避免团队臃肿的管理方式——大组织做小，使组织更简约；管理去中心化，激发个体价值创造活力，使人力资源走向人力资本。

整个 2013 年，农牧产业受到的冲击最大，从速生鸡到禽流感。整个外部环境并没有恢复得很好，那就必须得靠内力。我在管理中有一个基本判断：如果我们业绩出现下滑，或者是增长不明显甚至负增长的话，有很大可能就是因为组织不再适合这个企业的发展。

查尔斯·达尔文说过："最终存活下来的不是最强壮的物种，也不是最有智慧的物种，而是那些对环境变化做出最快反应的物种。"

作为中国农牧行业"最强壮"的上市公司，新希望六和对内外环境的变化也迅速做出了反应。为了使新希望六和组织结构更加扁平化，产业链之间协同加强，我和新的管理团队立即着手对公司组织构架和业务关系进行了重大调整，改革的大幕就此拉开。

2013年7月，青岛中心正式开展组织变革工作。原青岛中心率先被拆分为沂蒙、滨海、鲁西、胶东、中原五个特区，同时终端事业部、种禽事业部、养猪事业部、担保事业部、食品事业部均划归总部管理。而青岛中心也根据变革精神和调整安排，实现了职能转变与理念调整，由管理中心转为服务中心，职能由管理变为服务、协作、支持，围绕员工和企业运营开展工作，为特区、事业部搭建客户沟通平台，围绕客户沟通提供服务，组织文化生活，增强了团队凝聚力。

2013 年 12 月，新希望六和做出进一步组织变革工作安排，分拆三北、成都中心。成都中心更名为成都片联合运管委员会，其猪肉食品、养殖事业部和担保公司划归股份相应的单位；成立成都服务中心，原成都中心总部及以上未涉及产业划归成都服务中心，由成都片联负责。三北中心撤分为鲁西北、京津冀、东北、高唐和大象等区域单元。至此，原本处于总部与二级经营单位的中间层级——三大中心就被拆分掉了，形成了"股份总部—二级单元—分子公司"三级的扁平化结构。三大中心被划分为 25 个经营单位，进一步划小考核单元。

在此基础上，为了聚焦区域，优化区域生态产业链，提升区域系统运营能力，打造"片联＋区域＋基地"运营架构，新希望六和设立片联制。片联指片区联合运管委员会，代表总部协调、监督区域权力运行以及干部管理，是区域战略制定的组织者和执行监督者，也是区域平台建设与组织运营的管理者，这些一系列的调整让一个7万多人的公司活跃起来，并拥有了转型调整的基础。

建立信任

组织变革改变了对原有的责权关系和资源分配格局，而这种变化的不确定性会给员工带来不安，甚至导致人员的不配合。为了在组织内部更大范围地达成变革的共识和决心，就需要管理者有能力在组织内部建立信任的文化。

建立信任除了有效沟通之外，关键的因素还是要让员工感受到改变带来的好处，所以需要从激励入手，从业绩分享入手，设计一系列提升业绩的方案，以及员工分享计划，这些努力会让员工内心深处建立信任，同时员工透过激励设计，可以看到公司与员工之间的信任关系。

为了激活和激励华为人的潜能与热情，华为建立了相互关联人才"自动自发"制度和机制：其一，确立"三优先"和"三鼓励"的干部任用激励政策制度。

"三优先"是指优先从优秀团队中选拔干

部，出成绩的团队要出干部；优先选拔责任结果好、在一线和海外艰苦地区工作的员工进入干部后备队伍培养；优先选拔责任结果好、有自我批判精神、有领袖风范的干部担任各级一把手。

"三鼓励"是：鼓励机关干部到一线特别是海外一线和海外艰苦地区工作，奖励向一线倾斜，奖励大幅度向海外艰苦地区倾斜；鼓励专家型人才进入技术和业务专家职业发展通道；鼓励干部向国际化、职业化转变。

更为重要的，便是员工利益分享机制。根据《华为基本法》确定的薪酬激励政策，华为公司以明显高于行业竞争对手的薪酬来确保其人力资源的竞争力。因此，即使是一个刚入职一年的"新兵",在其转正后年终收入也明显高于同行业新兵3～5倍,甚至高于竞争对手的老兵。

华为公司力行"不让'雷锋'吃亏",让"知本"转化为"资本"的利益分享承诺。根据《华为基本法》第十七条、十八条关于知识资本化、价值分配的形式的条款,"实行员工持股制度。一方面,普惠认同华为的模范员工,结成公司与员工的利益与命运共同体。另一方面,将不断地使最有责任心与才能的人进入公司的中坚层"。

华为成立3年后便着手实施员工持股激励,到目前为止已经实施了4次大规模的股权激励计划。尤其值得指出的是,公司在两次全球性金融危机时推出的大规模的股权激励调整，对公司员工人心凝聚和士气提振起到了积极作用：华为在 2002 年推出了"虚拟股票"股权激励（1998 年爆发金融危机，其后是互联网泡沫危机）；在 2008 年金融危机期间推出了新一轮的"配股"激励计划。公司秉承"丰年重赏基层"的传统，华为几乎每一次都把公司的利润回报给了自己的员工，从而更加凝聚了人心。

容忍分歧

我深受福列特的影响，尤其是她对于"冲突"的认知和评价。福列特说："冲突——差异是客观存在的，既然这一点不能避免，那么，我想我们应该对其加以利用，让它为我们工作，而非对它进行批判。"她提出，"我希望大家暂时将冲突看作是不好不坏的；不带任何道德上的预断去考虑冲突；不要将它看作斗争，而是将它看作观点或利益差异化的表现。因为冲突正意味着差异。我们不应仅仅考虑雇主和雇员之间的差异，还要考虑管理者之间、董事会的董事之间的差异，或者任何可能存在的差异。"[21]

的确如福列特所言，冲突的存在有着特殊的意义，其价值就是让组织具有活力，**正是因为存在冲突，差异才得以保存，进而保存了组织的活力。**

很多时候，不要去追寻在冲突中谁对谁

错，甚至不要去问什么是对的，我们先假设双方都是对的，对于不同的问题双方都可能给出正确的答案，对于冲突的正确运用就是在认同双方利益的基础上，使冲突为双方共同所用，使双方站在对方的立场上去相互理解对方的问题，同时找到双方都认为正确的满意答案。**冲突管理的最终结果并不是"胜利"，也不是"协商"，而是利益的整合。**

在我理解互联网的过程中，陈让给了我很多启发，他曾经与微信创始人张小龙一起创立过 Foxmail 邮箱。陈让最大的特点，就是不断去启发新见解、新想法和新思路，与他交流，总是会被反问，总是可以激发出新的创意，这使得我可以很快去理解"社交网络"、互联网思维以及全新商业模式。现在，当我自己做内部高管培训及管理企业的时候，也会把这一招与大家分享，反复问大家"你有什么新想法"。尝试之后，很多人都告诉我，这句貌似简单的话能引发许多新思考，激发许多新想象，找寻出新的创意和做法。

在主导公司转型和变革的过程中，我也深深感受到容忍分歧、接纳新想法的好处。新希望六和是一个拥有接近 8 万名员工的公司，分子公司 590 多个，分布在世界各地，当总部做出决定时，往往会有不同的声音和意见，甚至在很长一段时间，大家因为无法统一，很多决策无法执行。

对于这一现象，一些管理者很紧张，认为

这是一个非常不好的状况。但是，我并没有为此特别着急，相反，我动用了自己擅长的方式，开始与管理层展开交流，包括写交流信、讨论会、培训等方式，让我了解到很多不同的想法、建议。当我把这些不同的想法融合在一起，拿出解决方案的时候，我知道上下一致的问题可以解决了。

当别人问我，最近有什么新观察时，我会把自己的想法与他们分享，我也刻意地去和80后、90后交流，以获得更加贴近他们的认知和想法。要知道交流从来都不是单行线，从别人的反馈中，我学到了很多。由于工作的关系，我每天都会见到来自世界各地、各行各业的精英人物，在与他们交流的过程中，我对外部环境的洞察力也在不断提升，这就是容忍分歧，接纳新东西的好处。

与对的人在一起

绝大多数企业领导者似乎都明白：如果企业没有一个强大的工作团队，没有合理的发展战略，没有一个可以负责执行的组织机构，那么企业就难以获得成功。然而，建立和维持这些又需要花费时间和精力。因此，领导者一方面要为企业增长和业绩负责，另一方面又需要为组织持续性和内在的能力负责，而后者的关键就是与对的人在一起。

"对的人"到底在哪里

我在做公司战略转型时，发现在公司的传统业务中有几个领域需要增长新的能力，可是在这几个领域中内部没有合适的人，所以我们在全球范围内扫描，锁定了几个合适的人。

我的同事认为邀请这几个人进公司很难。有的人他们已经花了好几年时间洽谈，但人家就是不来。我认为是方法不对，于是特设了一些特殊的职位，告诉这些拥有专业能力的人：你按照你的想法去干，但是放在我们公司的体系上实现。要知道，能人最大的需要就是自由，同时他们也会承担责任、主动创新并自觉自律。

我只是请这些专业人士告诉我，做一个项

目需要花多少时间、多少钱，要我怎么配合，他们开出条件，我满足他们。他们最开始说无法全职，我说没有关系，最后发现他们几乎都成了全职，因为他们对目标和责任非常清楚，他们更在意自己的价值体现，更在意自己的贡献和声誉。

今天对组织的要求，并不是要拥有这个人，人的天性是向往自由的，这样想，你才可以真正跟对的人在一起。

在做公司组织变革时，特别需要能够理解组织变革的内在逻辑，并有能力去推动变革的人。非常幸运的是，我在组织内部找到了这样的同事，当我在布局几大特区同时转型调整时，有不少人告诉我调整的步伐太快了，一定会失败，一定会出问题，一定会乱，一定会……但同样有不少人，全力转型，克服各种困难，抛开自我界限，努力配合协同，快速恢复区域竞争能力，深入了解产品力的结构，从品质、成本入手，从协调和约束着力，仅仅两个月的时间就已经开创出了全新的局面，因为他们坚信聚焦区域的发展、聚焦顾客价值的创造，一定会获得市场的认同。

"对的人"可能在组织之外，也可能在组织内部，并不像大家想象的那样稀少。相反，只要把目标和责任明确下来，就会发现"对的人"，就可以因为与对的人在一起，创造出全新的价值。

所以，核心的问题不是"对的人"在哪

里，而是如何界定需求与责任，如何判断目标和方向。在不确定性面前，我们到底应该如何进行战略转型？以什么样的组织形式激活创造力呢？我们要用什么样的方式集合发展要素呢？我们从哪里获得所需的资本，又往何处去寻找发展空间？针对这些变化，我们又该如何应对？

以上这些问题中的不确定性所带来的直接结果就是，对人的要求越来越高，管理的难度越来越大。在这种压力下，目标与责任需要成为牵引的力量，只有当目标与责任清晰的时候，人们才会采取相应的行动，以应对这些变化。

谁是"对的人"

我之所以用"对的人",而不是"能人",是因为我想表达自己一个明确的选择,在一个极具变化的环境下,更需要合作和协同,而能人却恰恰做不到。

"能人"的第一大特点就是经验丰富,因其经验太丰富,有极强的能力,所以比较难接受新的东西,往往喜欢凭经验去行动;第二大特点是不擅于合作和协同,总是希望自己解决问题,总是不放心授权其他人去做事情。以上两点也是那些拥有很多能人的大型公司,在今天反而显得吃力的一个主要原因。这些大型组织的协同效率太差,反应速度和决策速度太慢,结果丧失了市场的机会。

"对的人"表现出以下几个主要的特征。

第一，不固守经验。

他们总是用全新的角度看问题，总是提出新的想法；他们不会开口去说"过去是怎么做的""经验是什么"，而是开口说"我们试试一些新的做法""看看是否有不同的解决方案""虽然这个做法我从未试过，但是为什么不试试看呢"。如果他是如后者这样去说、这样去做的，那就是一个"对的人"。

在企业还存在各种各样混乱的情况下，新的想法常常不会被关注。但是"对的人"，往往能够让试图回归到经验习惯的人接受他的想法，使得提出的新想法能够得以贯彻和落实。很多时候，人们更愿意重复以往同样的方法和措施，或许会比以往的成本低一些、速度快一点。对企业来说，今天继续重复昨天的做法会容易很多，风险看起来也许会小一些，但是"对的人"更清楚，如果固守经验，被淘汰则成为现实。这个风险显然要大得多，所以"对的人"会坚持引领大家，超越经验，忘掉经验，采用新的方法。

第二，创新并承担责任。

对的人在工作岗位上，他们清楚自己的工作任务、时限要求、完成工作所需要的技能和具体的衡量标准。

光有创新是不够的，其核心特征是能够承担责任。创新在很多时候会带来不确定性，或者带来更高的成本。而"对的人"会把创新与责任组合在一起，让责任非常明确，并能够发挥创新的功效。

对于变化环境中的企业来说，战略是至关重要的，但是许多企业的战略一般不会深入到企业的基层。按理来说，企业的经营战略应该自上而下一层一层地解读和传达下去，但事实是，企业即使这样做了，因为变化，因为员工理解的不足，并未让企业各个层级的人能够清晰自己的方向和责任，更加没有让基层员工理解到变化。相反，企业的基层员工往往会重复他们一直以来所做的事情，但是这样的做法也许并不符合企业的发展战略。

因此，需要把员工变成"对的人"，不能够只是侧重公司意识的培养，而是应该侧重对责任意识的培养，对角色的任务意识的培养。

如果做到这一点，我们就可以让基层员工成为"对的人"，从而帮助企业战略落地执行。

第三，强调自由但注重价值实现。

"对的人"普遍崇尚自我，同时又有着另外一种普遍特征，就是注重价值贡献。

那些整天呆坐在办公室或把大部分时间花在"自己认为重要的事"上的成员，以及那些替代更低一层职位的人而忙碌的管理者，并不能为企业发展带来应有的价值，这一点尤其需要我们关注。"对的人"会有明确的自我角色认知，会以更高的效率工作，其努力是为了获取更多的属于自己的时间和空间，这些努力的确需要我们理解，如果用打卡、工作时间的监督等手段对待他们，"对的人"也许就离你而去了。

因为在他们看来，他们非常清楚工作中的关键任务是什么，因此，在合适的时间以合适的方式实现工作目标本身就是他们的工作重心。他们绝对不会让根本无关紧要的事情凌驾于重要工作之上，他们的所作所为一定会真正增加价值，当他们确信这一点并做出努力的时候，他们希望得到信任和尊重，希望在一个自由轻松的氛围中工作。

"对的人"就是不固守经验，勇于创新却又承担责任，崇尚自由却又注重价值实现的人。

"对的人"就是不固守经验

勇于创新却又承担责任

崇尚自由却又注重价值实现的人

超越复杂性

不确定性、复杂性增长带来的挑战，使得企业陷入混乱，并产生企业成长的偏差。解决这一难题的出路，就是让企业所拥有的"对的人"的增长速度超过复杂性增长的速度。

比如大家最熟悉的出租车行业，在互联网进入之前，一直是特许经营。牌照价格高昂，行业竞争不足，出租车费也高，最令人不开心的是服务不足。20 世纪 90 年代，我曾经有幸在广州与出租车公司合作，提供咨询服务，我们很多时候在探讨常规的经营性问题，关注出租车的牌照，以及物价部门的定价、油价的高低、特许管理问题等。大部分情况下，公司与司机之间并没有真正形成一个整体，相反，在某种程度上，出租车司机与公司甚至仅有一种极其脆弱的联系。

今天，滴滴、神州、首汽约车等公司的出现，改变了市场格局。这些新公司通过互联网应用软件，为私家车车主或出租车司机与消费者牵线搭桥，包括我这个不太愿意用出租车的人，现在也觉得搭乘出租车是一个合适且舒适的选择，当使用专车的时候，车主的服务往往超出我的预期。一个传统的行业，因为新的从业人员进入，新的从业标准建立，能够提供更有效的服务，并更善于发现顾客需求以及创造出新的业务模式。

任何行业的经营者，都需要有能力去判断结构性不确定性，也就是要有能力超越复杂性，并从中寻求到创新的商业模式以获得新增长。

2012 年中国饲料行业第一次出现总量下滑的情形，这其实是一个结构性不确定出现的征兆，但是全行业并未意识到，行业前 20 家农牧企业依然扩张产能，不惜代价寻求规模增长，并加大为扩张多做的投入。无论是新希望、大北农，还是双胞胎和海大，每家公司都以千万吨规模以及成为行业第一为目标。

到了 2013 年，全行业总量依然下滑，我也在这个时候回归到这个行业中，我所能做的，就是带领新希望六和做全面的转型。因为我清楚地知道，这个行业已经发生根本性的变化，如果我们不率先转型，最大的公司也许是最容易被淘汰的公司。

对于行业结构性变化，需要企业拥有更多高素质的人员，并要求人们的能力增长超越复杂性的增长。我采用了"新希望六和＋"的模式来增加公司的新能力。因为与互联网企业的合作，使得公司内部呈现出比以往更高的学习能力，同时也让公司拥有了新的核心能力，我们不再是一个单纯的饲料企业，开始有了互联网的属性。

齐鲁证券的分析报告如此评价转型后的新希望六和（摘自齐鲁证券农业团队 2015 年 4 月 14 日报告）。

"我们判断新希望的互联网大幕已经拉开，当前一系列的投资主要在于落地，不但创新养殖端的数据掘取，还涵盖消费端（营销管理以及追溯等）。

新希望将可能成为国内唯一打通畜禽全产业链的信息化和互联网公司，从而重构在移动互联时代畜禽产业链（包括食品端）的商业模式。

这是资本市场远未意识到的，我们甚至怀着一份激动的心情在阐述：农业整体性变革，在一家公司上体现得如此淋漓尽致，以及离我们可能的想象如此之近！"

行业发生的每一次转折和变化，都蕴含了一个关于未来增长趋势的信号；只要管理层能够不拘泥于企业原有的核心竞争力，以新的视角来看待变化，就能够抓住这个信号，找到可利用的机会。在2015年，新希望六和也终于成为中国农牧企业中第一个市值突破500亿元的公司。

走向"水样组织"

一个企业要几十年持续领先，重要特点之一就是组织非常有活力。最有活力的组织是什么样子？我称之为"水样组织"。

企业何以领先：组织活力

我在 2004 年出版了《领先之道》一书，总结了 1992 ~ 2002 年领先的中国企业，分析它们为什么领先。在 2002 ~ 2012 年的又一个

10 年里，我持续观察中国的领先企业。一些领先企业消失了，比如波导，而一些领先企业持续保持领先地位。我发现，一家企业领先的核心条件之一就是企业具备足够的组织活力。华为、海尔、联想、宝钢、TCL 这些持续领先的企业，组织激活都做得特别好，这些企业不断进行组织变革，并且成功了。

组织激活的效果有时候立竿见影。新希望六和集团在 2013 年 7 月进行了组织变革，接着三季度盈利就开始大幅反弹，这和组织变革有直接的关系。

组织激活对于国家的改变也一样重要。邓小平改革开放的目的是推动经济发展，他动作最大的就是组织变革——先设四个经济特区，再开放沿海 14 个城市，然后向中西部推进，最后全面变革。

为什么组织激活的力量那么强大？因为不管处于什么样的环境，在组织维度，一个企业始终会面临两大挑战：一个挑战是组织能不能适应外部的变化，另一个挑战是组织能不能让内部的人保持激情。

很多企业能够判断变化，但是组织能力跟不上。外部变化常常会迫使企业进行战略调整，但是如果组织能力和战略不匹配，战略就不能实现。

保持活力的四大关键因素

一个组织要能够保持持续的活力，就需要

不断进行组织变革。我认为华为最强之处在于自我驱动的力量，这种力量推动华为不断进行组织变革。以华为为例，我们探究一下，哪些因素决定了企业是不是能够持续保持活力。

因素一：有没有很强的危机感

好的组织可以时时保持危机感，而这往往是优秀企业缺乏的。任正非一直说他没有成功过，比尔·盖茨常说微软离破产永远只有180天，张瑞敏说他总是战战兢兢、如履薄冰。

危机意识的关键是高管团队。从老板到高管，都必须要有危机意识——有危机意识不是一件难事，别骄傲就行。基层则需要有安全感，因为基层没有能力对企业成长负责，如果你让基层一直有危机意识，他可能就做不好本职工作，从而影响产品的品质和成本。

如果反过来，基层有危机感，而高层没有，后果将更可怕。

因素二：愿不愿意打破平衡

组织打破平衡有两种方式。一种是已经到了不得不打破的时候，另一种是组织自己去打破，即弹性组织。好的企业，自己打破自己的平衡；不好的企业，等外力逼迫，被逼转型。我相信柯达转向数字技术，比谁都有条件，诺基亚引领智能手机也是如此，但是它们都固守自己，不愿意打破自身的组织平衡，等到外力逼迫的时候，就破产了。

就我自己而言，我也可以不打破原有的平衡，舒舒服服地当教授，保持着教授把一个企业带到行业第一的纪录。而我回到新希望六和，有很多的未知，它这么大，它遇到挑战，我凭什么那么自信，做了就一定会成功？但是我还是愿意打破稳态的生活，进入一个未知的领域。

我非常佩服体育精神。我认为人类精神当中至高的是体育精神。我理解的体育精神就是永远不满足现状，突破极限，承受失败。体育比赛可以说是伟大的"发明"，因为每个纪录必将被打破，每个成功的人终将以承受失败、超越自我告终。

其实人类的进步就是打破平衡，探索未知

的世界，所以平衡一定要靠自己打破。

因素三：组织文化能不能包容变革

变革必然涉及失败，也一定会出现很多问题，愿不愿意包容很重要。

从操作层面讲，推进变革是比较容易的。你只要不断表扬就行了，至于有没有完美的结果，不要过度追求。就像改革开放，四个特区只有深圳实现了完整可持续的成功。但是我们包容了另外三个特区，因为我们并不在意珠海、厦门、汕头的变革当下是否取得最好的成效。当时这四个特区确实变了，就应该被肯定。

所以，包容变革的文化很简单，就是不断奖励和肯定那个做变化的；如果要等到做出结果才肯定，就没有包容了。

因素四：够不够坚持

有变革就会有阻力，因为变革都会涉及利益调整。伤了别人的利益，你怎么能让他认同呢？所以有一些阻力是消除不了的，只要不让变革阻力变成主流就行。

要进行变革，还会有当期利益损失。所以坚持、韧性就很重要。至于如何坚持，依各人性格而异。有的老板武断，反正就是要变，十套马车来也拉不回去。有些人有很强的说服力，一直说到你服为止。我更多是用沟通的方式，用成功样板的力量。

保持活力的四大关键因素

因素一：有没有很强的危机感

因素二：愿不愿意打破平衡

因素三：组织文化能不能包容变革

因素四：够不够坚持

走向水样组织

在未来，一个有活力的组织的理想状态，我将之称为"水样组织"——像水一样的组织。

水很纯净，不管有什么污染，都可以滤掉；很柔，具有无限多的可能，放在圆的器皿里就是圆的，放在方的器皿里就是方的，没有结构，怎样变化都可以。但是它又能够克服所有困难，滴穿顽石，磨圆棱角，包容一切。

这种特征表现在一个组织里，就是每个人习惯协同，像水一样变换——在这件事情中，你可能是最普通的人，绝对服从另外一个人；在另一件事情中，你可能最重要，别人要服从你。

未来企业有组织无结构

现在的企业组织都有层级，有结构。这样的好处是易于分配资源、分配权力、分配利益。比如你有 10 亿元，你决定用这 10 亿元来推动公司开拓 10 个产业，于是就把组织设计成 10 个产业部门，1 个部门 1 亿元，完成了分配。

通过结构来分配，好处是有分工和效率；坏处是一旦有了结构，就会有路径依赖，有既得利益群体，甚至有腐败。结构经常被打破的话，腐败就可能减少。当组织要进行变革的时候，因为要保护既得利益，既得利益者就会变成阻力。

但是，当下的关键问题不在于结构优缺点

的衡量，而在于技术的瞬息万变。以前，一个新技术转化为新产品要几年，现在的转化可以以秒为单位：昨天你可能还在思考的问题，今天就产品化了。企业稳定的结构无法匹配上快速、极不稳定的外部变化。结构和变化形成悖论，稳定和不稳定形成矛盾。

适者生存，为了适应快速变化的环境，未来的组织一定是没有结构的。没有结构的组织，现在被理论描述出来的是"团队"。例如足球队，谁是领导？队长、教练、守门员，还是前卫？谁都是，又谁都不是。

在球往前攻的时候，前半场的前锋就是领导者，他决定怎么踢；球到了球门，守门员就是领导者，所有人都得服从他，尤其是罚球时，守门员告诉队员站哪儿，就得站哪儿；一旦进入比赛场地，就是队长在组织全场，中场协调；一旦离开球场，就是教练说了算。

在我的认知里，最接近这种组织理想状态的国内企业是华为。其实华为最成功的就是组织能力。华为一直在打破组织惯性，现在连一个固定的总裁都没有，只有轮值董事长，华为怕大家固化僵化，所以把传统管理岗位都打破了。

相信组织的力量

标准团队通常有 12 人左右，规模很小。大规模组织要像团队一样灵活多变很难，但相信也可以做到没有结构。

我理解的组织，不是用来掌控或者管理人的。一个好的组织提供人发展和创造价值的可能，让不能胜任的人胜任，组织本身是一个平台。组织可以集几万人、几十万人、几百万人的力量于一体，也可以带动几万人、几十万人、几百万人如一人。

大多数中国企业比较相信领导者，不太相信组织。优秀的企业都是不再相信领导，转而相信组织，所以企业能量无限大。

领导者成功 20 年之后会有很大的局限性，这就是为什么在组织结构设计中一定要有轮岗。华为的任正非真的能够做到把自己看得不那么重要，只是承担一个角色，在华为高管团队开会的时候，任何人都可以向任正非开炮，他会很谦虚地接受。不是权力、不是领导命令最重要，而是组织最重要，协同最重要。

难点在于人性

"水样组织"的成熟形态还没有真正产生。我认为主要原因在于人性，人要完全把"自己"放掉，才能有一个像水一样的组织、开放合作的组织。

比较贴近水样组织形态的是 3M。3M 开发了 60 000 多种高品质产品，员工可以用 15% 的上班时间做任何与工作无关但可以激发创意的事情。一旦有了创意，其产品创意小组有非常大的自主权，由各种专门人才专职共同参与，任务无限期，自愿加入。如果失败，没有任何惩罚；如果成功，会立即获得很大的奖励。

在华为，员工的级别序列从 0 级到 26 级，入职就是 0 级，再往上升。华为人骄傲的不是当总裁或副总裁，骄傲的是我是 19 级员工，或者我是 20 级员工。所以华为人可以轮岗，他的收入跟他的岗位不相关，只跟他的责任相关。华为巧妙地用职级替代了结构，已经有些像水样组织了。

改变从高管团队开始

往水样组织的方向走，要从管理团队开始。

核心管理团队首先变成真正的团队，有角色不要有结构，高管团队先实现决策多元，在

A 的问题上你得听我的，在 B 的问题上我听你的。把高管团队往"水样组织"方向推进了，才有机会往下推，达到组织整体的理想状态。

高管团队成员责任感越强，向更有活力和生命力的"水样组织"变化的可能性就越大。因为有足够的责任感，一个普通人都能够超越自己、创造奇迹。

更重要的是，责任感存在于人类天性之中，甚至连动物都有责任感，这是生命的内在要素，只要把责任感激发出来，"水样组织"就会在不远处到来。[25]

成功＝没有成功，只有成长

最后，我将再一次从环境变化入手，阐明为什么我们需要一个全新的组织管理模式。

最大的难题是：变化

这个时代，最大的难题之一就是：如何面对变化？很多制造企业面对互联网，无所适从，也无比焦虑。年轻的企业在一夜之间崛起，年轻的创业家在短时间内聚集了大量的财富，成就了伟大的梦想。这是互联网的诱人之处，巨大的名和利带来了巨大的刺激，这是人性的内在需求，也正是因为这样，所有人都很紧张。

控制焦虑的方法是**让自己的心安定，而心安定的根本原因是真正在市场上立得住脚！**那么，作为企业的经营者，需要做出正确的选择。

以大家都熟悉的手机行业为例，这个行业的技术变化非常快，竞争也十分激烈。比如，摩托罗拉曾雄踞世界第一，随后被诺基亚替代；接着苹果以三四款产品就达到了数千万部的出货量；而三星，则以产业链垂直整合获得了竞争优势，长踞世界第一的交椅。今天，华为的力量不可小觑，也许将改变手机行业的格局。

造成这些变化真的是互联网的原因吗？我不这么认为。一个企业不管走得有多远，不管它曾经多么大，如果忘记顾客就一定会失败。所有企业失败的根本原因不是技术替代，只是它离顾客越来越远。它被淘汰实际上是被顾客淘汰，而不是被技术淘汰。

从今往后，拿掉"传统"这两个字

成功的企业，通常会在四个方面做得很好：第一，坚持创新；第二，有非常强的危机意识；第三，最高领导者的坚持；第四，明白顾客需要的就是企业真正追求的。

互联网和新技术虽然改变了人们的生活方式，但如果你坚持基于消费者去做创新，我相信你还是可以活得很好。对于企业经营者来说，如果外部环境不利，重要的是去寻求机会，而不是等待环境给予机会。没有任何公司因为规模太大而不能再增长。

没有任何行业是百分之百的成熟。虽然大家喜欢用"传统企业""传统制造业"这些词，但我并不喜欢"传统"二字，因为任何一个行业在每一个时间段都是与时俱进的，不存在"传统"这个概念。你可以说，"我是制造业，但是一个新的制造业""我是服务业，但是一个新的服务业"。

在任何行业，你都可以发现没有完全被占

领的空间。手机行业的变化也说明了成功只意味着过去，新的游戏规则、新的竞争者一定会出现，没有任何公司能成功到不可能失败的程度。

从外向内看与组织的思维惯性

多年来，我一直关注组织管理，关心中国企业能不能找到非常好的成长方式。20多年前，我开始做"中国领先企业的研究"，在此过程中，最深的感受就是企业在发展到一定阶段时，遇到的最大挑战是组织的瓶颈和惯性。

我们常说改革难、转型难，很大的原因是整个组织的思维惯性产生了阻碍。我不认为创新很难，因为转型比创新还难。转型要

转型首先要改变组织的思维惯性

从非增长型思维

转向增长型思维

改变的是整个组织的思维惯性，**思维的不同在于你的组织究竟是增长型的思维，还是非增长型的思维。**

非增长型思维，就是大家把 KPI 完成，不要冒险，不要创新。但如果是增长型思维，组织成员会不断地努力，不断地发现机会，而非仅仅看到挑战和压力，所以不太会焦虑。

增长型思维要求在战略上从外向内看，而不是从内向外看。从外向内看的原则很简单：第一，从外部审视你的企业；第二，不断扩大对市场、对行业的理解；第三，利用真正的细分来明确顾客需求；第四，不断重构你的核心能力。

今天的经济已经进入了一种新常态，中国

的大部分产业都遇到了产能过剩的结构问题。像我所在的行业，中国的饲料产能利用率只有38%左右，在这样一个完全产能过剩的环境下，增长点只可能在结构内，而不可能在结构外，这两者对企业的要求是完全不一样的。

顾客需求在改变，顾客对行业的评价体系在改变，我们对行业的定义也要改变。我们需要了解顾客的需求，对企业重新定位，安排增长的路径、发展的方式和速度，对产品、技术重新组合，更重要的是选择与谁组合。事实上，如果想确定一条增长的路，只有一件事情，就是超越自己、做出改变。

向自己挑战

要转型，首先要做的就是转变思维方式。哈佛商学院营销学教授西奥多·莱维特曾说过："顾客不是想买一个 1/4 英寸⊖的钻孔机，而是想要一个 1/4 英寸的钻孔！"我们往往关注产品，而忽略了顾客的需求。转型的第一步就是回归顾客的思维。

其次，转型要提供解决方案。很多企业不缺转型的思想、观点、逻辑，缺的是行动。转型必须用行动检验。有的企业口头谈转型，而最终的解决方案还是基于以往的经验；有的企业只做体系设计，但是没有实际行动；甚至有

⊖ 1 英寸 = 2.54 厘米。

的企业不敢选拔年轻人，因为他们认为经验更重要。

最后，转型的核心在于效率。在第二次世界大战中，同盟国之所以取胜，是因为美国使用了泰勒的科学管理法，其一国生产的物质比其他所有参战国的总和还多。中国虽然GDP很高，但在效率上并没有取得非常显著的进步，其实是消耗资源去获得增长。国家和企业真正要转型，核心在于提高效率，提高人的投入产出比。

现有的组织形式都是职能、专业分工加流程，组织转型的难点包括如何在流程体系建设中加快决策速度，让组织去有效实施，即将权力下放到一线。用任正非的话来说：**今天的市**

场竞争是一个"班长战争"。我进入新希望六和的第一个动作便是拆分组织单元，让所有的决策和资源回归一线，因为只有一线才能带来顾客的增长。组织结构应该被打碎，不是在未来，而是现在。

互联网的作用在于可以去中心化、去平台化和去权威化。新的组织模式要求一个个项目、一个个团队或者一个个经营单元独立完整地面对顾客，获取顾客的满意度。组织转型的目的就是要持续地对顾客做出反应。

2018年天猫"双11"的成交额再创历史新高，达到了2135亿元。在"双11"横空出世的这10多年里，可以看到很多变化，比如从0点准时抢购到提前预热，从物流积压到闪送，从"多又省"的全网爆款到消费升级的全网狂欢。消费者在变，平台响应速度的加快更是让一切变化巨大。

转型成功的关键三要素

成功转型有三个关键的因素：

第一，变革领导者。你需要帮助所有人相信改变会带来美好，这要求管理者像一个布道者一样传递正能量，不仅要告诉别人应该怎么做，还要告诉他们做这件事情带来的美好是什么、支撑是什么。这种正能量的推进是对所有管理者的新要求。

第二，形成一种文化，帮助整个组织产生变化。比如联想柳传志提出的"发动机文化"：

高管是大发动机，子公司是小发动机，他们像齿轮一样，互相咬合，产生动力，这样才会不断有新的小发动机出现。不同阶段对文化有着不同的要求。今天，我们对文化的要求是激活个体，让组织中的每个人都变得正能量、充满活力。

第三，找到"对的人"。增长的复杂性和能力之间会有一个差，这个差就叫混乱。这就是对管理的挑战：让"对的人"的增长速度超过复杂性的增长速度。要想找到"对的人"，组织的边界就需要打开，建立起开放的平台。

总结起来，转型必须做三个准备工作：第一，起点在顾客，而不在产品；第二，转型要提供解决方案，是用行动检验的；第三，做转

转型的三大准备工作

第一，起点在顾客，而不在产品

第二，转型要提供解决方案

是用行动检验的

第三，做转型的核心是提升

整个组织的效率

型的核心是提升整个组织的效率。组织转型要把决策权力下放到一线，让团队真正面对顾客，更重要的是要改变管理者，改变整个公司的文化，找到"对的人"。

互联网和数字经济的三大特点

我开始理解数字经济是在 1995 年，因为我发现三星开始转型，提出的口号就是"数字改变生活"，之后可以看到它和索尼之间的关系，发生了天翻地覆的变化。我一直在关注家电领域，于是跟我服务的家电企业说，"你们要关注数字、时尚，要想到你们的产品不是一个家用电器，而是一个快消品。"

互联网与数字经济带来的最大趋势就是你

要做品质更高、范围更广的沟通，才有机会在这个市场中看到增长。这是第一个特点。

微博兴起时我并没有加入，因为我觉得那是太多人的平台，可是我被一件事情打击了一下，于是微信兴起时我便马上开始使用。

某天一个人找到我说："我就是因为听了你的话，把企业给做没了！"

我说："我不认识你，你怎么听过我说的话？"

他说："你有微博啊，我在微博上听了你的话，照着做，然后企业就死掉了。"

我说那不是我的，他坚持说就是我，因为微博发出的文章都是我的。

我说："你把你的问题再说一遍，我现场回答。"于是，他问问题，我解答。他恍然大悟："看来真的不是你，如果听了你的，我的企业肯定不会死掉！"于是我决定免费帮他，一定要让他的企业活过来。

在这件事之后，我去微博问这位"陈春花教授"："你是陈春花本人吗？"

他说："我不是，我是他的铁杆粉丝。"

我说："你为什么要做这件事情？"

他说："我太喜欢她了，觉得她的思想需要让很多人知道，她又没有微博，我就帮她做了。"

我说："你做微博可以，但是你不

能回答网友的提问。"

他说："我基本上理解了你的思想，我觉得我可以帮你。"

我当时只好要求他赶紧关掉这个微博号，不再做任何发布和咨询。微信公众号出来后，我便注册了"春暖花开"，这件事情让我理解到，如果你不去跟别人沟通，也许会有人"帮"你沟通。这就是这个时代。

第二个特点，企业价值不由企业独立创造，而是由很多人一起创造，包括顾客、产业链上的相关者。所以，企业一定要想办法变成一个平台或者创造一种机会，让顾客与你共同做价值创造。

第三个特点，要更关注你与生活之间的互动。竞争本身是提升生活品质而非伤害生活品质的，你必须做一个安排。

最后一个特点，终身学习。

我用爱默生的话勉励自己，也分享给大家："接受不能改变的，改变你能改变的。"

参 考 文 献

[1] 彼得·德鲁克. 巨变时代的管理 [M]. 朱雁斌，译. 北京：机械工业出版社，2006.

[2] 乔根·兰德斯. 2052：未来四十年的中国与世界 [M]. 秦雪征，等译. 南京：译林出版社，2013.

[3] 维克托·迈尔－舍恩伯格，肯尼斯·库

克耶. 大数据时代 [M]. 盛杨燕，周涛，译. 杭州：浙江人民出版社，2013.

[4] 任正非. 一江春水向东流 [EB/OL]. [2013-12-26]. http://finance.ifeng.com/business/special/fhsd46/.

[5] 田涛，吴春波. 下一个倒下的会不会是华为 [M]. 北京：中信出版社，2012.

[6] 安娜贝拉·加威尔，迈克尔·库苏麦诺. 平台领导 [M]. 袁申国，等译. 广州：广东经济出版社，2007.

[7] 凯文. 凯利. 技术元素 [M]. 张行舟，等译. 北京：电子工业出版社，2012.

[8] 黄铁鹰. 褚橙你也学不会 [M]. 北京：机械工业出版社，2015.

[9]　彼得·德鲁克. 管理未来 [M]. 詹文明，译. 北京：机械工业出版社，2009.

[10]　陈晋. 曼昆的经济学第一课 [EB/OL]. [2007-11-10]. http://www.caijing.com.cn/2007-11-10/100032656.html.

[11]　德内拉·梅多斯，乔根·兰德斯，丹尼斯·梅多斯. 增长的极限 [M]. 李涛，王智勇，译. 北京：机械工业出版社，2013.

[12]　刘俏. 如何选择中国经济的未来？[EB/OL]. [2014-12-01]. http://www.ftchinese.com/story/001059271.

[13]　阿尔文·托夫勒. 第三次浪潮 [M]. 黄明坚，译. 北京：中信出版社，2006.

[14]　大前研一. 专业主义 [M]. 裴立杰，译.

北京：机械工业出版社，2006.

[15] 戴维·帕卡德. 惠普之道 [M]. 贾宗谊，译. 北京：新华出版社，1995.

[16] 小阿尔弗雷德·钱德勒. 管理的历史与现状 [M]. 郭斌，译. 大连：东北财经大学出版社，2007.

[17] IPC.ME. 疯狂的架构：国内六大著名科技公司组织结构图一览 [EB/OL]. [2011-08-01]. http://www.ipc.me/it-company-architectures.html.

[18] 李晏墅，李晋. 员工幸福的快乐管理探索 [J]. 经济管理. 2007, 29(8):4-8.

[19] William James. Varieties of Religious Experience[M]. New York:Mentor, 1902.

[20] 格雷琴·施普赖策，克里斯蒂娜·波拉特．越幸福越高效 [J]．哈佛商业评论．2012, (2):51-59.

[21] 玛丽·福列特．福列特论管理 [M]．吴晓波，译．北京：机械工业出版社，2007.

[22] 陈春花．我读管理经典 [M]．北京：机械工业出版社，2015.

[23] 拉姆·查兰．求胜于未知 [M]．杨懿梅，译．北京：机械工业出版社，2015.

[24] 稻盛和夫．领导者的资质 [M]．曹岫云，译．北京：机械工业出版社，2014.

[25] 陈春花．走向"水样组织"[J]．清华管理评论，2014, (3):28-32.

陈春花管理经典

关于中国企业成长的学问

陈春花管理经典

关于中国企业成长的学问

三、构筑增长的基础		
9.《成为价值型企业》	978-7-111-54777-8	45.00
10.《争夺价值链》	978-7-111-54936-9	59.00
11.《超越竞争：微利时代的经营模式》	978-7-111-54892-8	45.00
12.《冬天的作为：企业如何逆境增长》	978-7-111-54765-5	45.00
13.《激活组织：从个体价值到集合智慧》	978-7-111-56578-9	49.00
14.《协同：数字化时代组织效率的本质》	978-7-111-63532-1	79.00
四、文化夯实根基		
15.《从理念到行为习惯：企业文化管理》	978-7-111-54713-6	49.00
16.《企业文化塑造》	978-7-111-54800-3	45.00
五、底层逻辑		
17.《我读管理经典》	978-7-111-54659-7	45.00
18.《经济发展与价值选择》	978-7-111-54890-4	45.00
六、企业转型与变革		
19.《改变是组织最大的资产：新希望六和转型实务》	978-7-111-56324-2	49.00
20.《共识：与经理人的九封交流信》	978-7-111-56321-1	39.00